U0941879

胶东读史札记

隋翔宇 著

触摸历史余音
仰视千载年轮

天津出版传媒集团
天津人民出版社

图书在版编目（CIP）数据

胶东读史札记 / 隋翔宇著 . -- 天津：天津人民出版社，2021.3

ISBN 978-7-201-16986-6

Ⅰ . ①胶… Ⅱ . ①隋… Ⅲ . ①地方史－山东－通俗读物 Ⅳ . ① K295.2-49

中国版本图书馆 CIP 数据核字（2020）第 258298 号

胶东读史札记

JIAODONG DU SHI ZHAJI

隋翔宇　著

出　　版　天津人民出版社
出 版 人　刘　庆
地　　址　天津市和平区西康路 35 号康岳大厦
邮政编码　300051
邮购电话　（022）23332469
电子信箱　reader@tjrmcbs.com

责任编辑　谢仁林
装帧设计　马　佳

制版印刷　天津雅泽印刷有限公司
经　　销　新华书店
开　　本　880 毫米 ×1230 毫米　1/32
印　　张　8.5
字　　数　200 千字
版次印次　2021 年 3 月第 1 版　2021 年 3 月第 1 次印刷
定　　价　39.80 元

序

在武侠小说《神雕侠侣》当中，金庸先生借郭靖之口，说了这样一句话："武功越练，越觉得自己不行。"

关于这句话的理解，不少人认为是郭靖天资平庸的佐证。但稍加寻味，就可听出金庸先生的寓意："初学者容易满足，往往有豁然开朗之感。而深入修行之后，就会发现自己的不足。"

习武如此，读书亦然。受家中长辈影响，笔者从小就对人文历史颇感兴趣。上学读书时，见一新知识点辄喜，但求多不求精，乐读编年体而不乐读纪传体。虽然对大历史脉络略有所知，但鲜有精细研究。

大学毕业之后，机缘巧合之下，笔者被报社派至烟台工作。期间，对烟台诸县历史多有采访涉猎。越是采访，越深感自己所学甚有不足。许多人物、典故，只知其然而不知其所以然。因此，逐渐萌生钻研胶东人文的想法。

想法虽定，但方向和体例却也又思索了很长时间。

人文领域十分宽泛，建制、山川、人物、姓氏、习俗、特产、传说、轶闻均包含在内。笔者起初想专门研究姓氏，然胶东姓氏种类众多，渊源不一。唐宋土著有之，元明移民有之，军户有之，民户有之，他族改汉姓亦有之。如今虽然是智能通讯时代，查考史志族谱要方便许多。但姓氏文献终究卷帙浩繁，几代积累尚难称全，毋庸说数年速成了。

在体例方面，最初设想当中，形式类似于古代私修之志。然志书体例较为严格，用词言简意赅，贵简练而不贵繁杂。且志有工具书之性质，非权威而不敢修也。胶东人文荟萃，名士众多。笔者自不敢班门弄斧，且为文喜夹叙夹议，形式较为自由松散，故最终采用札记之形式。

所谓《胶东读史札记》，即与胶东人文历史相关的读书笔记。札记这种形式，古代先贤多有采用，较为知名者，当属清人赵翼之《廿二史札记》。高山仰止，景行行止，虽不能至，心向往之。以札记为本书之名，亦有仿效先贤之意。

瓯北先生之《廿二史札记》，读书对象主要是二十二史。而笔者效颦之札记，读书对象较为繁杂，古代正史、野史，近代县志、地名志，以及族谱、家乘等，均有涉及。谚云："前人栽树后人乘凉"，诚如此也。

书内文章并非一气呵成，而是多年读书之积累，粗略分为地名、人物、姓氏、战事、典故五大类，以方便阅读。既然是个人读书笔记，自然为一家之言，难免有错误和纰漏，欢迎大家多予指正。文无第一，但会友耳。

毋庸讳言，就经济效益来说，文史显然属于冷门领域。故以此为兴趣，一人难以独行，需有支持方可。在此书的编撰过程中，我得到了父母妻子及其他亲戚长辈的大力支持，也从很多师长朋友处受益良多。在此，向大家一并表示感谢。

笔者年少时，在乘车走204国道途中，曾对一座大山（即福山和牟平、莱山交界处之巫山）颇感兴趣。此山名何？山后何村？这些疑惑当时就已在心中，虽当时不得解，但始终挂念。在而立之后，自己终驱车前往，一了心愿。此书于笔者而言，与大山异曲同工矣。是为序。

隋翔宇

2020年7月写于烟台

contents 目录

一、地名

“胶东”含义的古今变迁

本书的大题目为《胶东读史札记》，那首先要弄清“胶东”的概念。

平度和荣成相比，哪个地方更“胶东”？如果现在提出这个问题，十个人当中，可能会有九个人回答是“荣成”。

因为在如今的语境当中，“胶东”这个词，内涵已经跟“（胶东）半岛”十分接近。按照这个语境，越往东、越深入大海的地方，自然“胶东”的味道也更浓。

不过，这个问题如果是由古人来回答，得到的答案会恰恰相反。不仅如此，他们还会认为这个问题本身就有问题。因为，在历史上大部分时间里，“胶东”这个词都是平度人的专属称呼，其他州县或称“山左”，或称“海右”，或称“东莱”，或称“齐东”，鲜有“胶东”之谓。

在清代《平度州志》当中，用“胶东”代称平度的文章比比皆是。如《胶东书院记》（王化南）、《胶东二高士传》（周思兼）、《胶东名宦乡贤祠》（崔廷槐）等。

当时的平度人为何习惯用“胶东”作为代称？这主要是古代区划的缘故。

“胶东”原意为胶水之东，与“胶西”相对。胶东作为地名称呼，始于楚汉之际的胶东王国。项羽分封的胶东王昙花一现，到了西汉时期，胶东王国经过数代更易，才逐渐稳定了下来。

根据《汉书·地理志》的记载，当时的半岛区域，是东莱郡和胶东国并存的状态。东莱郡管辖十七个县，胶东国管辖八个县，前者的面积更大。“胶东”一词，此时显然不能指代整个半岛。

西汉时期的胶东王国，以即墨故城为都。而进入东汉之后，胶东王国改为胶东侯国，都城也随之改变，成为郁秩县。

关于这段历史，近代国学大师王国维在《东山杂记》中有详细考证，在卷一《齐鲁封泥集存后》中写道“即墨在前汉，为胶东国都，然王莽废胶东国为郡，改为郁秩。郁秩故胶东国属县，则莽时郁秩郡，当治郁秩，而不治即墨。光武但复胶东之名，而郡治仍之，故建武十三年（37 年），封贾复为胶东侯，食郁秩、壮武、下密、即墨、梃胡、观阳六县，以郁秩为首。”

东汉的胶东侯国原食六县，但到了汉章帝时期，时任胶东侯贾敏获罪，侯国一度废除。后来虽然恢复，但食邑只剩下国都郁秩一个县，仍以胶东侯为名。因此，在东汉时期，郁秩县逐渐演变为胶东县。

此后，魏晋南北朝长期沿用这一名称。而根据《平度市志》记载，郁秩县治的位置大致就是现在的平度城区。换句话说，在从东汉之后这数百年的时间内，胶东县的县城就在这里。实际上，后世的平度人以“胶东”作为自己的代称，指的就是胶东县这段渊源。

北齐时，胶东县省合并，改置长广县。隋朝之后，又改名胶水县。到了明代，胶水县又升为平度州。平度州后来又改为平度县，平度县又改为平度市，这大致就是平度区划的历史脉络。（《读史方舆纪要》）

明清时期，文人墨客喜欢用古名作为本县的雅称。胶东之于平度，有如昌阳之于莱阳。莱阳在清代有昌阳书院，平度亦有胶东书院。

那么，“胶东”这个词，是如何从平度人的专属演变为半岛人的共称呢？

追溯历史，胶东作为半岛的共称，大约是始于元代设立的胶东行省。

根据《元史》记载，元顺帝后期，风雨飘摇中的元朝在半岛设立胶东行省，驻地在莱阳。此时“胶东”的范围，显然已不限于平度一隅。

不过，胶东行省昙花一现，存在时间很短，对后世影响不大。元灭明兴之后，并未延续此制，而在半岛设立登州、莱州二府。故明清两代，朝廷公文提到半岛区域，大多称为“登莱”，亦不称“胶东”。

“胶东”正式成为半岛的代称，是在民国初年。当时地方区划“废府、存县、设道”，山东在清代登莱青胶道的基础上设立“胶东道”。此后，半岛地区逐渐习惯“胶东”一称。

一个典型的例子就是民国初年半岛区域内的族谱称谓。在明清时期，修谱大多仅限于本府本县甚至本乡本村的范围内，谱书的常见称谓是《登郡某氏族谱》或《莱邑某氏族谱》。而到了民国初年，联宗修谱大为盛行，此时谱书收录的村庄，大多遍及整个半岛，因此谱书称谓就变成了《胶东某氏族谱》或《胶东某氏家乘》。如《胶东宋氏联宗族谱》及《胶东宗氏家乘》。

胶东道的区划，在二十世纪二十年代中后期取消。不过，到了二十世纪四十年代，在半岛的根据地又成立了“胶东区行政公署”，“胶东”一词作为区域概念，又得到强化。

胶东区作为一个区划，虽然存在的时间并不算太长，但它的诞生是伴随着战时的特殊背景。当地军民作为一个整体，经过战火的淬炼，对“胶东”这个词的认同感大大提升。而随着胶东子弟兵的南征北战，“胶东”这一名号也逐渐叫响全国。可以说，正是这段红色历史最终奠定了“胶东”在半岛人心中的地位。

不过，随着指代范围的扩大，“胶东”这个词的词义重心，也从“胶”逐渐变成了“东”。原来强调的是与胶水或胶莱河的相邻关系；现在强调的是越往东越有“胶东味”。也正因为词义内涵的嬗变，认为烟威比青岛更有胶东特色的观点，在民间也颇有赞同者。

即墨的简称，是即还是墨?

作为一个地名，“即墨”的历史相当悠久。

如果从“即墨”这个地名最早出现开始计算，即墨已经有两千年以上的历史（可追溯至齐国的即墨邑）；如果严格按照治所与现在相符的标准，即墨建县也有一千四五百年的历史（可追溯至隋朝，之前的即墨故城在现今的平度境内）。

有趣的是，“即墨”历史悠久，这个名字也给民间留下了丰富的讨论话题。读音的话题是其中之一（在方言中一般读作 ji mei 或 ji mi），简称的话题则是另外一个。

“即墨”的名称总共两个字，简称到底是“即”还是“墨”？众说纷纭。从实际情况来看，这两个简称都曾使用过。

就现在而言，“即”是比较通用的简称。在官方正式的文件当中，对上级派驻在即墨的机构的称呼是“驻即单位”；即墨当地的企业，不少也采用“即”作为首字，比如即发、即建、即盛等。

以“即”为简称，比较符合现代汉语的行文习惯（以首字为简称），在胶东半岛，其他县市基本都是如此，荣成简称荣，莱阳简称莱，胶州简称胶。因此，即墨简称为“即”，看上去并无不妥。

不过，在讲究文义的古代，很少用“即”作为简称，而通常称之以“墨”。比如，清末民初，胶东宋氏联宗修谱，对即墨的称呼就是“墨邑”。

实际上，这样的例子不仅在民间文书中可以见到，在清代官修史籍当中更比比皆是。例如，清同治年间修撰的《即墨县志》在开篇序言中就写道：“墨邑滨东海，自齐封即墨大夫，始见书传。”

或许有的朋友会认为“墨邑”跟“墨”多少还是有区别的，但在县志当中，单独用“墨”来简称即墨的情况也为数不少。

如县志中收录的旧志序言称：“以故，士富文藻，矜功名，其渊源盖有所自。墨，古名邑，信哉。”意思是说即墨底蕴深厚，很多文人志士在史籍中有记载，不愧为自古以来的名县。下文又载：“己欲取其志谛观之，诸生曰：‘墨未有成志’。”（旧志序言为明代所作）

以此来看，在明清时期，官方对即墨简称为“墨”应该没有太大疑问，实际上现在即墨城区有条主干道也叫墨城路。

在过去，两字地名虽然多以首字作为简称，但也并非一概而论。一个明显的例子就是，南京过去称作江宁府，江宁就以“宁”作为简称。因此，即墨简称为“墨”也不足为奇。

那么，古人为何要以“墨”作为即墨的简称呢？这应该主要与“即墨”的含义有关。

清代雍正本《山东通志》载：“即墨县，即，近也，城临墨水，故名。”意思是说，“即”本身是个形容词，指的是临近，而“墨”是名词，指的是墨水河。即墨临近墨水河，因此得名即墨。

按照这个解释，“即墨”是个偏正词汇，含义重点在“墨”，而不在“即”（与莱阳类似，莱阳的解释是莱山之阳，重点在莱，而不在阳），这应该是古人以“墨”作为即墨简称的主要原因。

值得一提的是，现在即墨城区虽然也有一条墨水河，但并非即墨名字由来的那条河，而是在现今平度境内。据《齐乘》记载：“墨山，胶水（平度旧称）东北六十里，石色如墨，故名，水出兹山，亦名墨水。”也就是说，平度城东北六十里有座墨山，从这里发源的一条河就叫作“墨水河”。

即墨起初以河得名，后来，即墨城从平度朱毛迁到现址，旁边的河反过来以城更名，就是现在即墨城区的墨水河。

过去即墨简称“墨”，那从什么时候开始简称为“即”的呢？具体时间暂没有见到正式记载，但在二十世纪四十年代的时候，即墨东部曾设立“即东县”，以此推断，至少在那个时候，“即”就开始作为即墨的简称了吧。

平度州与胶水县

在胶东半岛的县市区当中，不乏千年甚至两千年古邑。青岛的平度市，就是一个历史很悠久的地方。

平度这个名字，始于西汉时期设立的平度县。不过当时的平度县，跟现在的平度市，范围并不相同。

根据《汉书·地理志》和《平度市志》等史料记载，现在平度市的区域，在当时分属五个县的地界，分别是即墨县、郁秩县、卢乡县、平度县和下密县。其中，平度县主要位于如今的新河、灰埠以及邻近的掖南等地，反倒是郁秩县的故城在如今的平度市区。

王莽篡汉之后，大量更改地名，平度县也改为利卢县。此后，从东汉至隋朝，这一区域的郡县名称曾多次调整，但始终没有恢复平度这一称谓。

到了隋唐之际，朝廷又将这里更名为“胶水县”，名字是地理位置而来。《太平寰宇记》载：“（隋文帝）仁寿元年（601 年）（长广县）改为胶水县，取县西胶水为名。”

这个名称从隋朝仁寿元年（601 年），一直沿用到明朝洪武二十二年（1389 年），历时近八百年。在此期间，尤其是唐宋时期，不少人物都以“胶水县”的籍贯而载于青史。最出名的，就是蔡齐，他也是胶东历史上为数不多的状元之一（宋真宗时期的状元）。

明朝初年，朱元璋对胶东半岛行政区划做出很多调整，奠定了后世所谓“胶东”（登莱）文化圈的基础。他将莱州和登州从州升为府，将莱阳县和招远县从莱州划入登州辖下，又将胶水县从县升为州，更名为平度。平度从此又作为一个区划名称，出现在胶东历史舞台上，延续至今。

关于胶水改名平度并升级的经过，《明太祖实录》中有记载：“洪武二十二年正月（1389 年），升山东莱州府胶水县为平度州，以潍州为潍县，并昌邑县隶之。”

明代将“胶水”更名为“平度”，显然是采用古代名称。那么古代的“平度”，又是什么含义呢？

通常来说，地名多采用大山大河等地理标志为参照物，比如与平度相邻的掖县和即墨，都是与河有关（掖县因掖水得名，即墨与墨水河有关），但显然“平度”不是这样的模式。

在胶东范围内，平度这个地名与招远有些类似，都属于非实指的寓意地名。但关于“招远”一词的含义，人们的观点比较统一，认为是取自“招携怀远”的典故；而关于“平度”一词的指代，就有些众说纷纭，未有定论。

实际上，就连清代官修的《山东通志》对“平度”地名的解释也有些拿不准。志称：“平度州，闾丘先生告齐宣王曰，选良吏，平法度，臣得寿矣。平度之名，义盖取此。”

按照上面的释义，平度是“平法度”（法治公平）的意思，但修志人也不敢肯定，因此用了“盖”这个字眼。显然，在明清时期，“平度”最初的含义，就已经莫衷一是了。

到了现代，随着人们接触信息的增多（包括地图概念的增强），关于“平度”的解释，说法也越来越多。有的说法还认为，“平”是“瓶”的通假字，“平度”其实是“瓶肚”的谐音。从今天的视角来看，平度的轮廓的确跟“瓶肚”有些接近，但在汉代，一来人们的地图概念不是太强，二来当时平度县的范围跟现在不同，因此这种解释的可信度并不高。“平度”一词，应该还要从字面上的意思来理解。

那么，除了“平法度”的解释之外，平度还有什么含义呢？按照现代汉语的理解，平度可以理解为“平安度过”“平稳度过”。其实在古代汉语中平度另有一种解释指日月分别地二分、两弦时运行的均平之度外，“平度”的含义也大致如此。

有个可以佐证的例子是，晋朝时晋武帝有个儿子被封为吴王，他的名叫司马晏，字“平度”。

熟悉三国演义的朋友都知道，当时人的字，通常是对名的解释，比如诸葛亮字“孔明”，赵云字“子龙”，同理可以推断，“平度”就是对“晏”这个字的解释。而晏（河清海晏）的一个含义就是“平稳、安定”。汉代在西北设立的“安定郡”，其实也是这个含义。

“平安度过”（晏）和“平法度”相比，感觉前者的解释更为通俗，更容易被人接受；而“平法度”虽然有典故，但含义稍偏。因此，“平度”前一种解释的可能性较大一些。

昌阳避李国昌讳更名莱阳

如今胶东半岛的县市区当中，带有“莱”字的不在少数，比如莱州、莱阳、蓬莱、莱山等。虽然都带有“莱”字，但它们各自的具体含义并不相同，在历史上出现的先后顺序也不一样。

其中，莱州的莱出现最早，得名也最正，指的就是东莱（古代的莱夷之地）。蓬莱为古代仙山之名，唐代建县；莱阳是五代时期更名，从昌阳改来。至于莱山，如果作为区而言，时间较短，底蕴不深；如果作为山（在黄县）来说，倒是历史悠久。

昌阳改名莱阳的时间，《齐乘》《读史方舆纪要》《山东通志》均记载为五代唐（后唐），改名的原因为“唐讳昌”。

后唐避讳“昌”字，在于开国皇帝李存勖的祖父名为李国昌。根据《旧五代史》记载，同光元年四月（923 年），李存勖在魏州筑坛称帝。次月，他追尊皇祖李国昌为文景皇帝，庙号献祖。后唐避讳“昌”字，应该从此时成为制度。

不过，后唐建立之初，黄河以南的区域大部分仍在后梁的统治下，因此昌阳县应该并没有马上更名。一直到了同光元年（923 年）年底，后唐入汴，后梁灭亡，登莱二州成为前者辖区，昌阳这才更名为莱阳。

在五代的本纪当中，查询不到直接关于莱阳更名的记载，或许是因为县的级别较小，故正史不载；也有可能是同时改名的县太多，记载不暇。

“昌”本来就是地名中的常用字，因此后唐避讳的规定一出，有不少地名都有变动。除了昌阳县改名为莱阳县之外，博昌县改名为博兴县，须昌县改名为须城县，灵昌县改名灵河县，甚至有名的许昌也一度改名为许田县。以上这些名称，莱阳和博兴都延续至今，两地都位于山东省内，分属烟台和滨州。许田后来又改回原名许昌，须城和灵河则消失在历史当中。

同样是更改“昌”字，这几个地名改的原则却不一样。博昌改名博兴，是取近义字，用“兴旺”替代“昌盛”；须昌改名须城，是因为读音相近；许昌改名许田，看起来是字形有点接近。而昌阳改名莱阳，是在原有的命名格式上，更改了参照物。

昌阳，是因为在昌水之阳而得名。在改名时，前面更换的字，需要考虑到“阳”的方位含义。关于莱阳的寓意，民间有不同说法，一说为旌旗山古称莱山，莱阳县城地处山的南面，可谓莱山之阳；还有一说是莱阳县当时属于莱州，相对州城治所掖县为南，因此有莱州之阳的含义，或者从广义上说，是莱地之阳、莱国之阳。

在明初，莱阳县从莱州划出，改为登州管辖。或许是因为这个缘故，莱州之阳的说法也逐渐不再提及。如今莱阳市的史志资料，基本都采用的是莱山（旌旗山）之阳的观点。二十世纪九十年代出版的《莱阳市志》中的正式记载是：“公元923年（后唐庄宗同光元年）庄宗因避其祖‘国昌’讳，改昌阳为莱阳（因县城在莱山之阳故称莱阳。莱山即今旌旗山）。”

掖县与光州

州，是古代重要的区划单位，面积一般较大。胶东半岛范围相对有限，因此州的数量也不多，人们所熟知的就是登州和莱州。其实，除了这两个名称之外，“光州”和“牟州”也曾出现在胶东历史上。两者当中，以“光州”的影响力较大。

在中国历史上，曾出现过一南一北两光州，北面之光州在山东，南面之光州在河南。两者后来虽然都更名，但河南光州改名较晚，且附近还有带有光字的地名，如光山县等，因此知名度更高。而胶东的光州，年代较为久远，外界了解相对不多。

胶东半岛的光州，治所在掖县，与后来的莱州相同，因此不少人将光州等同于莱州。但严格来说，光州与莱州并不能完全等同（最多跟唐初的莱州相同），因为就辖区而言，光州面积几乎相当于莱州和登州之和，胶莱河以东的地区，大致都是光州地界。

追溯历史，胶东半岛的光州是在北魏时期设立的，比南朝梁在河南设立的光州，要早数十年。两者在南北朝曾并存过一段时间。

关于胶东光州的设立时间，《太平寰宇记》记载："皇兴四年（470年），分青州置光州。"

皇兴是北魏献文帝的年号，提到献文帝，或许有些耳生，但他的儿子则广为人知，即大名鼎鼎的北魏孝文帝。献文帝在位时间不长，在他的本纪中并没有找到设立光州的记载，或许是因为当时州郡太多的缘故。

不过，在《魏书·地形志》中，有关于光州的记载，以此来看，北魏设立光州一事应无疑问。

在汉代十三刺史部当中，胶东半岛属于青州地界，延续至此，光州分出，这也意味着胶东半岛逐渐与青州脱离了关系。

光州的范围有多大，史料记载，领郡三、县十四，户四万五千七百七十六，口十六万九百五十。三个郡分别是东莱郡、长广郡和东牟郡，十四个县是掖县、西曲城、东曲城、卢乡、昌阳、长广、不其、挺县、即墨、当利、牟平、黄县、惤县、观阳，基本包括了现在胶莱河以东的区域。

莱州的"莱"取自东莱，登州的"登"取自文登，那么光州的"光"，是从何而来呢？

对此，《太平寰宇记》载："取界内光水为名。"《隋书·地理志》也记载："东莱郡旧置光州……有掖水、光水。"其中，掖县以掖水得名，光州则以光水得名。

这条"光水"是掖县境内的哪一条河呢？对此，清代修撰的《掖县志》中有提及，志称："三里河，城南三里，即光水也，州以水名，出寒同山，后溪经仲家洼西北流入掖西河。"

如今的莱州市境内，有个仲家洼子村，在莱州南路半壁店子立交桥附近。打开电子地图，放大比例尺，在村庄的西面，的确可以找到一条河，附近有个小区，就叫“三里河子小区”，想必这就是古代的光水了。

水不在深，有名就行。光水虽然不是大河，但胶东半岛曾以此为名，也算是青史留名了。

光州这个名称，在胶东历史上存在了大概一百多年的时间。在此期间，有许多任的光州刺史，其中最出名的就是郑道昭。他在北魏永平三年（510年）以秘书监、荥阳邑中正的身份，出任平东将军、光州刺史。在光州任上，他留下了不少石刻碑文，如今莱州云峰山上就存有古迹。

隋朝建立之后，开皇五年（585年）改光州为莱州。自此之后，莱州逐渐成为这片土地的代称。但光州的区划虽然取消，名字在如今的莱州市仍有体现，市区有一条主干道就叫光州东街、西街，有名的莱州一中，就在这条路上。当地还有一款光州啤酒。“光州”地名之影响，由此可见一斑。

隋朝的莱州与莱州刺史

莱州，是胶东半岛一个历史很悠久的地名。在不同的时期，莱州指代的范围也不同。

如今的莱州，指的是一个县级市，范围就是原来的掖县。明清时期的莱州，指的是一个府，管辖昌邑、潍县、高密、胶州、即墨和平度，驻地在掖县。而更早之前的莱州，指的是一个州，这个州的前身是东莱郡，范围最广时，囊括胶东半岛大部分地区。

莱州虽然以东莱郡为前身，但并非直接从东莱郡改来，中间还经历了“光州”这个名称为过渡。到了隋朝开皇年间，光州改为莱州，莱州这个地名才正式出现。

关于光州改名莱州的时间，有开皇五年（585年）和开皇二年（582年）两种说法。包括《隋书·地理志》和《读史方舆纪要》等多数史料，都记载为“开皇五年（585年），改光州曰莱州。”而《元和郡县图志》记载为：“隋开皇二年（582年），改光州为莱州。”结合《隋文帝本纪》中“开皇三年（583年）罢天下诸郡”的记载来看，前一说法更为可信。

开皇是隋文帝的年号。在区划方面上，隋文帝的思路是“废郡存州”。等到了大业年间，隋炀帝继位，思路也因之调整为“改州为郡”。莱州重新改名为东莱郡，一直到唐代才恢复。

隋朝前后总共出持续三十多年，莱州在开皇年间设立，大业年间更名，算起来前后持续时间并不长。

不过，即便时间很短暂，但隋朝的莱州也上任了不少刺史。清代的《山东通志》就记载了三位莱州刺史的名字（实际上应该不止此数），分别是史云、宇文恺和麦铁杖。其中的宇文恺，还是隋朝有名的建筑大师。

隋文帝受周禅而登基，对原皇族宇文氏颇为猜忌。宇文一族多被诛杀，宇文恺本来也在牵连范围内。但因为他与皇族宇文氏属于不同支系，此前又立过功，故逃过一劫。

宇文恺是建造奇才，隋朝建立之初的一些大工程，都有他的身影，如宗庙和新都大兴城的营造，以及河渠漕运的开通等。因为表现优异，他被擢升为莱州刺史。

他何时就任莱州，何时去职，史无明载，推测是隋文帝前期。他去职的原因，是受到了兄长宇文忻的牵连。

但不管在哪朝哪代，有技术的人都吃香。赋闲在家的宇文恺很快就东山再起。当时隋朝准备营建仁寿宫，朝廷物色可腾迁之人，经右仆射素宇文恺是最合适的人选。因此他被任命为仁寿宫监，并出色地完成任务。

进入隋炀帝时期，他圣眷不衰，主持了东都洛阳的营造，后来拜至工部尚书，后凭征战辽国等功，进位金紫光禄大夫。

根据《北史》的记载，麦铁杖就任莱州刺史的时间是在隋炀帝初期，比宇文恺要晚。麦铁杖的知名度虽然不及宇文恺，但也算当时一位奇人。从这个奇特的名字，就能看出他属于骁勇善战一类的人物。而他能当上莱州刺史，也的确与军功有关。《北史》载："炀帝即位，汉王谅反，（麦铁杖）从杨素击之，每战先登，进位柱国，除莱州刺史。"

黄县之"黄"

位于胶东半岛北端的龙口市，如今是北方有名的经济强县。实际上，在老辈还叫作"黄县"的时候，这里的商业文化就相当发达。至今在谈及经济话题时，不少胶东人还是习惯把龙口称作"黄县"。

算起来，"龙口市"作为这片区域的代称，不过三十多年的时间；而"黄县"这个称呼，却有两千多年的历史。

《史记·秦始皇本纪》中，有（秦始皇）“过黄、腄”的记载。后世大多据此认为：秦始皇灭齐之后，在山东实行郡县制，黄县应在此时设立。民国版《黄县志》认为战国时期，乐毅伐齐后设置郡县，黄县有可能在战国时就已经存在。

秦代设立黄县，属于推论；按照正史可查的记载，黄县最迟是西汉时设立。在《汉书·地理志》中，东莱郡下辖的十七个县（侯国）当中，有黄县的名字。只不过，当时的黄县，跟后来的黄县，指代的区域并不完全相同。

到了南北朝隋唐之际，黄县合并了周围几个古县（如惤县），又析出了蓬莱县，大致形成了后来黄县的轮廓，延续至明清及现在。

在县志当中，黄县的历史沿革有明确记载，但对于名称的由来却语焉不详，黄县为什么以“黄”字命名？这个“黄”指的又是什么呢？

清代修纂的《山东通志》中，对黄县名字的由来有如此解释：“黄县，春秋楚灭黄，传云恃睦于齐，故不设备，齐桓公徙封二国于此，故为黄子之国矣，今县界有防城，又邑西南有黄山，东有黄水河，俱见邑志。”

按照这段话的解释，黄县的“黄”字，来自春秋时期的黄国。黄国曾与齐桓公结盟，灭国之后，齐桓公将黄国遗民迁徙到了胶东半岛安置，这片区域就以“黄国”命名。

黄县与齐国交好，以及被楚灭国的这两段历史，汉代刘向在《新序》中有比较详细的描述。相传，齐桓公在收到黄国的结盟请求之后，管仲认为黄国距离楚国近，距离齐国远，一旦楚国进攻，齐国鞭长莫及。有结盟之名，而不能救援，有损齐桓公的威名。而后来，果然如同管仲所言。不过，书中并没有提到齐桓公迁徙黄国的细节。

黄县来自黄国的说法，在其他史料中有所提及，但亦不能肯定。《文献通考》载：“黄，嬴姓，爵未详，国在光州定城，有黄故城，又云登州黄县。”

根据史料记载，黄国故地在河南省潢川县一带。从潢川县到胶东半岛，路程颇为遥远，但在春秋时期，这样大范围的迁徙也并非不可能。牟子国原来的封地就在山东西部，被齐国灭掉之后，迁徙到了胶东半岛的福山县一带。

不过，从时间上来看，黄国迁于黄县有值得商榷之处。因为，胶东半岛原属莱国，齐国是在齐灵公（齐桓公曾孙）时期才灭掉莱国（《春秋正义》载：“襄六年（646年），齐侯灭莱。莱，东莱黄县是也”）。在齐桓公时期，迁徙黄国于胶东，不合情理。

或许因为黄国一说存在争议，多个版本的黄县县志，在介绍黄县历史时，仅记载建县时间，不提及具体由来，给后世留下了遐想的空间。

黄县的名字由来还有什么可能？或许掖县的例子可以提供一定的参考。在胶东半岛地区，掖县和黄县是为数不多的单字县。与黄县不同，掖县名字的由来基本没有争议。掖县境内有条河叫作“掖水”，掖县因此得名。

值得一提的是，黄县境内也有一条“黄水”（黄水河），两者之间应该也很有渊源。但到底是县因河得名，还是河因县得名，就要看两者名字出现的先后顺序。就现有的史料来看，黄水河这个名字出现的时间似乎晚于黄县。

而《大清一统志》中的记载，给人们提供了另外一个思路。书中说：“黄水河，源出黄县东南六十里黄山，北流经故黄城，折而西北合绛水河流经县东，又西北入海。”这段话的意思是，黄水河发源于黄县东南六十里处的黄山，向北流经故黄城（黄城集附近）。也就是说，黄县的故城的确是建在黄水河畔。

上述记载，虽然没有明说黄水河名字的由来，但参考其他例子（平度的墨水河因为发源于墨山而得名）来看，黄水河很有可能是因为发源于黄山而得名。

在如今的地理资料当中，黄水河通常被认为是发源于栖霞境内。不过，在认识有限的古代，人们有可能将其他的支流认定为黄水河的干流。而根据《龙口市志》和《黄县志》的记载，距离城区三十多公里的丰仪乡（现在属于石良镇）境内，蓬、黄、栖三县交界附近，有一座城隍山（原名凤凰山），从名字和位置上看，跟《大清一统志》中说的黄山比较接近。周边还有个村庄叫作“黄城阳”，关于这个村庄名称的由来，民间说法亦不少，但令人信服的解释不多。这个“黄”字，应该也应有所指。

不过，黄县的“黄山”还有另外一说，那就是黄县招远交界处的黄山馆附近。此处的名字相似度更高，但方位不对，与黄水河关系也不大。

综合史料来看，丰仪乡的东南部，黄城阳、凤凰山（黄水河的上游支流）一带，很有可能就是黄县文化含义上的起源地，但这个“黄”字，到底指的是“迁徙来的黄国”，还是“不知为何得名的黄山”，就不敢轻易下结论了。

文登北齐建县之经过

在历史上，胶东半岛的县级区划经过多次调整。人们现在所看到这些地名，时间有长有短。使用超过千年的县级名称，包括即墨、掖县、黄县、牟平、文登、平度、莱阳等。

其中，即墨、牟平、平度这三个名称的古今含义有所不同（指代区域和县城都有变化）；掖县和黄县也在二十世纪末更名为莱州和龙口；莱阳这个名称在五代时期才取代昌阳，开始使用，时间刚过千年不久；相对而言，在北齐时期建立，并以文城为县治的文登县，算是胶东千年古县当中，成色比较足的一个。

关于文登县设立的具体时间，《文登县志》和《齐乘》都记载为北齐天统四年（568 年），而《读史方舆纪要》记载为天保七年（556 年）。虽然有些出入，但结合史料来看，天保七年（556 年）无疑是一个关键点。当年，北齐政权出台的政策，使得胶东半岛的区划产生了一次大变迁。即便文登县的确是在后面的天统四年（553 年）设立，实际上也是天保七年（553 年）调整的后续反应。

天保，是北齐文宣帝高洋在位时期使用的年号。根据《北齐书》的记载，天保七年（556 年）十一月，高洋下了这样一道诏书："昆山作镇，厥号神州；瀛海为池，是称赤县。蒸民乃粒，司牧存焉。王者之制，沿革迭起……但要荒之所，旧多浮伪，百室之邑，便立州名，三户之民，空张郡目。譬诸木犬，犹彼泥龙，循名督实，事归乌有。今所并省，一依别制。"

诏书篇幅较长，并且引经据典，但实际上说的主要就是一件事："区划数量太多，要进行调整。"在北魏（东魏）原有的基础上，北齐并省三个州、一百五十三个郡、五百八十九个县。

据《魏书 · 地形志》记载，北魏在胶东半岛共设立了三郡十四县。而根据《隋书 · 地理志》记载，到了隋朝初年，只剩下了一郡九县。其中减少的部分，基本都是在北齐时期做出的调整。

其中，北魏时期设有东莱、长广和东牟三个郡，北齐裁撤一个，将东牟郡裁撤，合并到长广郡。

在县级区划方面，北齐裁撤了七个县，新设一个县。裁撤的县分别是东西曲成县、当利县、惤县、卢乡县、即墨县、不其县；值得一提的是，曲成、当利、惤县都是自汉代以来就存在的古县，自此从胶东半岛的区划中消失。卢乡和即墨一度裁撤，在隋朝又恢复。

在裁并旧县的同时，北齐还设立新县，其中就包括文登县。在汉代，文登县的范围，分属东牟、不夜、昌阳三县管辖。自北齐设县之后，胶东半岛的最东部区域，都成为文登辖地，东、北、南三个方向皆临海。

根据清光绪版《文登县志》的记载，文登县系因文登山得名。而文登山的“文登”，又是文人登山的含义，指的是秦始皇东巡时期的召文台典故。

从北齐时期建县，一直到现在，文登这个地名已经沿用了将近一千五百年的时间（二十世纪四十年代因为战时的特殊背景，一度分为文东和文西，时间很短）。虽然辖区从清代开始屡有调整，后缀也从县到市到区，但治所始终没有改变，底蕴可谓深厚。

唐代胶东半岛的“上等县”

唐代是胶东半岛区划史上的一个关键时期。这一时期，登州设立，半岛“东登西莱”的格局就此奠定，延续超过千年之久。

州一级的大轮廓虽然确定，但与后世相比，当时县的区划却远没有定型。在唐代，曲成、当利、卢乡、清阳、廓定等县时设时裁撤，半岛区域内建制比较稳定的县总共只有八个，数量要比明清时期少很多。

这八个县分别是莱州下辖的掖县、胶水县、即墨县和昌阳县，以及登州下辖的蓬莱县、黄县、文登县和牟平县。此时，招远、栖霞、福山这些名字，还没有出现在胶东的土地上。

根据《新唐书·职官志》的记载，唐代对于县也有级别的划分，在京畿之外的普通县，分为上、中、中下、下四等。上等县、中等县、中下等县和下等县的长官虽然都是县令，但级别有差异。上等县的县令为从六品上，中等县的县令为正七品上，中下等县的县令为从七品上，下等县的县令为从七品下。

那么，当时胶东半岛区域内的县都是什么级别呢？

当时还没有地区生产总值的概念，县的级别高低，主要与人口和钱粮的多寡有关。胶东半岛在当时属于边远之地，级别评定相对于中原内地没有优势。从《新唐书·地理志》的记载来看，登莱八县的级别多为中等县，上等县数量不多，明确提到的只有两个。

这两个上等县分别是掖县和昌阳县，都位于莱州境内。

掖县为上等县可以理解。它地处胶东半岛西部，境内平原较多，自战国时期就是胶东的名城大邑。汉代的东莱郡，南北朝时期的光州，都先后以掖县为治所，人口和资源自然向此辐辏。

并且，唐代的掖县，范围不仅限于明清时期的掖县。它在唐初合并了曲成和当利等周边的几个古县，大致相当于现在的莱州和招远两市，面积要大得多。

另外一个上等县昌阳，情况与掖县有些类似，也是地广人多。唐代的昌阳县，是明代莱阳县的前身，五代后唐时期因为避讳“李国昌”而改名。

昌阳作为县名，汉已有之，但县治和范围多次变更。到了唐初，卢乡县并入昌阳，此后昌阳县的区域才大致确定，包括现在莱阳、莱西的全部，海阳的大部，栖霞的南部，以及牟平和乳山的各一角。也因为这段渊源，后世的莱阳人，时常以卢乡和昌阳的旧称来指代家乡。

从史料的记载来看，昌阳被列为上等县，可能还有矿产的因素。“（昌阳县）有银，有铁；东百四十里有黄银坑。”这在古代，都被国家视为战略资源。

掖县和昌阳被列入上等县，在情理之中。那么，登州的州治蓬莱，为何没有入围呢？《新唐书·地理志》没有明确提到蓬莱县的级别，但登州的级别为中，其他的黄县、文登和牟平也为中县，想必蓬莱是上等县的可能性不大。

这主要是建县时间相对较短的原因。蓬莱在唐贞观年间，只是黄县下的镇，一直到了神龙三年（705年），才升为县。登州的州治此前也并不在蓬莱，后来才迁入。因此，蓬莱在唐代没有成为上等县，也在情理之中了。

胶东半岛的“海”字地名

胶东半岛三面环海，自古就是海防重地。因此，很多地名都与海有关。常见的样式是在“海”字的前面再加上一个褒义字，构成一个动宾短语，最典型的例子就是“威海”。

威海的名字，是从明代设立的威海卫而来。顾名思义，是威震海疆的寓意（或曰威震东海，《威海市地名志》称：“名、义史籍不载，当寓‘威震东海’之意得名。”）。与之类似的是靖海，也是从明代的靖海卫（寓意当为安靖海疆）而来。

清代裁撤卫所之后，威海和靖海一度都并入文登县。但后来两者的发展走向各不相同。威海逐渐发展成为地级市，而靖海在荣成乡镇合并之后，如今只是人和镇下属的一个大村。

威海和靖海这两个地名都是在明代出现，而宁海的历史要更早一些。

胶东半岛的宁海，指的是牟平的旧称。明清时期，登州府下辖宁海州，以州领县。宁海州土地广袤，南北皆临海。不少闯关东后人的族谱中，提到祖籍地仍称之宁海。

牟平改名为宁海，是在金代。《读史方舆纪要》载：“金天会中，刘豫置宁海军。大定二十二年（1182 年），升为州。”《山东通志》载：“金于牟平县置宁海军，取海不扬波之义也。”在明代，宁海州也设有宁海卫，军民分治。

民国初年调整区划，废府存县，宁海州本应改为宁海县。但在浙江省，早已有同名县。为避免重复，宁海州改回原来的称呼，即牟平县。

但宁海这个地名毕竟在牟平历史上沿用数百年之久，因此也并没有完全废弃。现在烟台市牟平区辖下的宁海街道（宁海镇），即采用宁海之名。

威海、宁海和靖海这三个名字，虽然跟历史上的原意有所不同，但现在都仍使用。因此，人们对此都相对熟悉。而“定海”和“平海”这两个名字，因为久废不用，就鲜为外界知晓。

实际上，定海和平海，对应的分别是莱州和登州。

如今提到“定海”，大家想到的都是浙江舟山的定海。但在金元之际，胶东半岛的莱州，亦有“定海”之称。

《读史方舆纪要》载：“（莱州）宋仍曰莱州，亦曰东莱郡。金因之，亦曰定海军。”《金史·地理志》载：“莱州，上，定海军节度。”也就是说，莱州的“定海”之名，与宁海军类似，也是从军事功能而来。只不过，宁海军后来改为宁海州，而莱州未变。

定海一词，如今在莱州已非区划名称。只是在城区，还有一条“定海路”，应该是纪念这段历史。

登州相对于莱州更靠东，因此在古代海防中的地位也更高。登州“平海”之称，也早于莱州之“定海”。

在唐代的史料当中，就有登州平海军的记载。如《旧唐书·玄宗纪》载：“（开元二十二年 <734 年 >）辛巳，移登州平海军于海口安置。”《唐六典》在介绍兵制时也提到：“若诸州在节度内者，皆受节度焉。其福州经略使、登州平海军则不在节度之内。”

到了宋代，登州“平海军”的旧制仍然延续。苏轼在登州任职时所上奏的《登州召还议水军状》，也提到了平海军，所谓：“擘画奏乞创置澄海水军弩手两指挥，并旧有平海两指挥，并用教习水军。”

在北宋末年，宋徽宗派人走海路联络女真时，所遣的人中就有一位来自平海军的呼延庆。使者往来渤海南北，乘坐的也是平海军的船只。

不过，自从北宋灭亡之后，平海军一词在史料中就鲜有提及，在登州历史上的存在感逐渐减弱。即便在蓬莱当地，恐怕也有很多人不知“平海”这段渊源吧。

砣矶岛：宋辽海上分界线

横亘在渤海海峡之间的长山列岛（区划上属于烟台市长岛县），由大大小小数十个岛屿组成，其中常年有人居住的岛屿正好十个，根据方位的不同，分为南五岛和北五岛。

在北五岛当中，砣矶岛是最靠南的一个，它也相当于长山列岛的南北分界线，过了砣矶岛，就进入了渤海海峡的深处。

砣矶岛的面积较大，且岛上有特产（砣矶砚），因此在古代的史料中有比较强的存在感。宋代的史料，就曾多次提到这个地方（写作驼基岛，下面统一写作砣矶岛）。

如《元丰九域志》中记载，登州蓬莱县下辖三乡，两水一镇，驼基、沙门二寨。沙门寨在沙门岛（通常认为是现在的庙岛），驼基寨就在砣矶岛。

寨指的是军事据点，而军事防御，也的确是砣矶岛在宋代史料中频繁出现的原因。北宋之所以在砣矶岛上设寨驻兵，是因为这里事实上是北宋和辽国的海上分界线。

从现在的区划和历史传统而言，砣矶岛以北的大小钦岛和南北隍城岛也属于长山列岛的范畴。但在北宋时期，航海条件有限，砣矶岛以北的海岛有些鞭长莫及。且当时的岛上，应该并无常住人口。因此，北宋朝廷事实上对于砣矶岛以北的岛屿，是一种不管不问的态度。

这一情况，在很多史料中可以得到佐证。比如，《宋会要辑稿》中记载了一件发生在宋徽宗时期的事情。当时，有大臣建言："登州与北界渤海水路相望，虽称四百里之远，缘风顺一日可到。今升为边州，所以戒不虞也。窃见熙宁八年（1075年）朝旨：刀鱼战棹司每季那巡检一员，将带兵甲，下北海驼基岛驻札，系以驼基石为界。自与北朝通好，不曾根究海上北界。今窃虑与渤海人水路相近，缓急作过，则驼基孤外。乞以末岛、鸣呼岛为界。自末岛之南，又有钦岛、逐岛，各乞添置卓望兵员，往来巡逻。如此，则缓急不致失事。"

也就是说，当时北宋的登州与辽国隔海相望，四百里海路，乘船一天就可以抵达。宋辽自从澶渊之盟后，总体关系比较融洽，陆上虽然泾渭分明，但海上却并没有划定界限。只不过在惯例上，宋朝以砣矶岛为边防一线，视此为海上边界。而边界以北的末岛（钦岛）和乌湖岛（隍城岛），则类似于两不管地带，北宋和辽国都没有进行实质管理，类似于两国之间的一个缓冲地带。

在承平时期，这种局面并无太大影响，但到了辽末，女真兴起，渤海局势为之一变。因此宋朝大臣认为在砣矶岛设防不利于掌控局势，建议向北驻兵，将防线推进到钦岛和隍城岛一带，一旦辽东有变，可第一时间知晓，避免被动。

北宋朝廷对这一建议似乎并不感兴趣，史载："诏本路安抚司及本州岛官体究，措画闻奏，不得希功引惹。"意思就是，你们可以好好调研一下可行性，但不准轻举妄动，惹是生非。字里行间，可以看出北宋对外政策的虚弱，生怕这一举动会引发对面的不满。

而名人苏轼在短暂任职登州期间，也曾上书朝廷，提到过砣矶岛的驻守情况。他在《登州召还水师状》中说："登州地近北虏，号为极边……自国朝以来，常屯重兵……每岁四月遣兵戍砣矶岛，至八月方还，以备不虞。”

从现有的史料来推断，直至辽国灭亡前夕，北宋方面仍固守砣矶岛的旧边界。《续资治通鉴》记载：“至是（政和年间），金之苏州汉儿高药师、曹孝才及僧即荣等，率其亲属二百馀人，以大舟浮海，欲趋高丽避乱，是月，为风漂达宋界驼基岛。”也就是说，金国占领辽东半岛之后，当地部分汉人外逃，坐船时被风吹到了砣矶岛，进入北宋地界。

高药师一行带来了辽衰金兴的消息，北宋因此开启了联金伐辽的海上之盟的谈判，使团走的海路，就是从登州经砣矶岛至辽东。砣矶岛，也是这一次历史大事件的见证者。

栖霞、福山、宁海与刘豫

北宋灭亡后，金人在北方先后扶持成立了伪楚和伪齐两个傀儡政权。其中，张邦昌的伪楚昙花一现，毫无存在感；而以刘豫为帝的伪齐持续时间较长，对后世有一定影响。就胶东半岛而言，伪齐时期有多个新县设立，是县级区划大体定型的关键时期。

伪齐时期在胶东新设立的区划主要有四个，分别是招远、栖霞、福山和宁海（牟平），前三者为县，后者为宁海军。在《金史·地理志》《读史方舆纪要》及相关县志中都有提及。

以上四个新区划的名称，乍看并无特殊之处。但如果翻看地图，就会发现在南方基本都能找到与之重名的地方。如南京市郊有栖霞，苏州常熟有福山，浙江宁波有宁海。

一个名字相同或许是巧合，但连续多个名字重合，并且命名集中在同一历史时期，这就很令人琢磨了。每读史至此，就不禁想问：为何刘豫设置的三个新县（宁海军的级别高于县，为统一行文，姑且与县并列，而宁海军、宁海州后来也以州领县，作为牟平县的替代概念，也勉强可接受），在南方都能找到重名的地方呢？

综合史料记载来看，这种大范围的重名现象，或许与刘豫的江南情结有关。

刘豫出身于河北农家，以进士身份踏入仕途。在宋徽宗政和年间，他因为上书谈论礼制而忤逆圣意，被打发到两浙察访的任上。虽然时间不长就调回北方，但从后来的历史走向看，这段在江南任职的经历，对刘豫的心理产生了较大的影响。

《宋史·刘豫传》载："金人南侵，豫弃官避乱仪真。豫善中书侍郎张悫，建炎二年（1128 年）正月，用悫荐除知济南府。时盗起山东，豫不愿行，请易东南一郡，执政恶之，不许，豫忿而去。"也就是说，在南宋建立后，刘豫一度想申请在江南任职，但执政大臣没有同意，刘豫因此怀恨在心。

在济南任职期间，刘豫投降金人。经过一番钻营，他被金人相中为傀儡人选，于是粉墨登场，建立伪齐，改年号"阜昌"。

为了粉饰新朝气象，他在地名区划上也大做调整，如升东平府为"东京"，降"南京"（商丘）为归德府。而在胶东半岛的登莱两州范围内，也动作频频："析掖县之罗峰镇置招远县，析蓬莱县之阳疃镇及莱阳县一部置栖霞县，析蓬莱县之两水镇置福山县，升牟平县为宁海军。"

关于这几个县名称的由来，当地各有解释。根据清代官修之《山东通志》的记载，招远县寓意招携怀远；宁海州取自海不扬波之意；福山县因县北有座“福山”而得名；栖霞县的解释是“旭日将升，每有霞光盘旋”，也有说法称：“日晓辄有丹霞流宕，照耀城头霞光万道。”

以上解释，除了招远和宁海尚可自圆其说之外，福山和栖霞的由来，民间均有持疑者。

对福山持疑者认为：福山县北的山不甚起眼，远不如峆岈山壮观，以此名县，未免有些托大。虽然民间有各种传说称这里是“福地”，但正史无载，难以采信。

栖霞县则由于“霞光照耀城头”中的“城”而引发争议。据该县县志记载，栖霞建县之初无城，明代才修建砖城，金代似不太可能出现“霞光照耀城头”的情景。相对而言，元代史志《齐乘》中的解释更为可信：“（栖霞县）本以山得名，环县皆山，重岩叠嶂，不可名状。”

只从字面理解，福山和栖霞的含义，的确难以准确断定。但换个思路，从命名人的心理出发点推断，或许更容易解释得通。

招远、栖霞、福山、宁海，均为刘豫所命名。刘豫曾在江南任职，又求留任而不得，或许会形成一种补偿心理。即通过命名的方式，满足自己对江南的期盼。

要佐证这一点，一个关键的前提是江南的重名地方的历史要早于胶东。而从史料记载来看，也的确如此。

南京之栖霞，虽然建区很晚，但“栖霞山”“栖霞精舍”之称谓，早在南北朝时期就有。而常熟之福山，现在虽然只是社区，但在南唐时则是“福山镇”，此后朝代多在此设兵驻守，清代还有福山镇总兵，级别远高于福山县。可以说，栖霞、福山两地，宋代之前，就在江南很有名气，刘豫应有所耳闻。

而至于宁海之名，浙江的宁海县也早在晋代就已经设立。或许会有观点反驳说胶东的宁海是宁海军，而浙江的宁海是宁海县。但实际上，北宋时期的浙江，不仅有宁海县，亦有宁海军。

《宋史》载："(宋太宗)淳化五年(994年)冬十月，乙巳，改青州平卢军为镇海军，杭州镇海军为宁海军。"《读史方舆纪要》也称："杭州唐末镇海军治。宋仍曰杭州，亦曰宁海军。"。即便胶东的宁海军不与宁海县相同，也与杭州宁海军重名了。

虽然不敢妄下结论，但从这种大范围的巧合推断，很有可能是刘豫为洗刷自己的"僭号"而尝试的"正名"之举。控制不了江南，就用江南之名，以示自己的伪齐政权囊括南北，这或许就是刘豫的初衷吧。可惜关于伪齐的史料有限，以上只是推论，而难以证明了。

历史上曾有多个"招远县"

在古代的地名当中，大部分是根据山河湖海的方位进行命名，但也有一部分是例外，采用的是寓意式的命名，比如"安定郡""太平县"等等，名字中用的词汇并非指的是实际的地理参照物，而是表达一种美好的愿望。按照这种分类，"招远"这个地名也属于寓意式的地名。

从字面意思来说，"招远"有"招携怀远"的含义，典故应该出自《论语》:“故远人不服，则修文德以来之。既来之，则安之。”是古代对于仁政的一种美好向往。因此，在历史上，“招远县”这个地名也多次出现。

比如《辽史》在地理志中记载，西京道（大同）朔州的宁远县，在北齐天保六年（555年），曾设置过一个“招远县”（当时这里地处北齐的北部边疆）。不过，到了唐代，这个“招远县”改名为“宁远县”，就此消失。

而唐朝虽然取消了一个“招远县”，但也曾新设过一个。根据《旧唐书》记载，唐朝武德二年（619年），就析出沁州（山西）沁源县部分土地置招远县。当时，唐朝刚刚建立不久，建立新的“招远县”，或许是寓意远方的势力能够早日宾服。这个“招远县”存在的时间也不长，到了武德三年（620年）就被裁撤。

等到了宋金之际，又有一个新的招远县出现，它就是现在山东省烟台招远市的前身。根据《招远市志》记载，金天会九年（1131年），齐刘豫阜昌二年（1131年），升莱州的罗峰镇为县，取名“招远”。《山东通志》对“招远”名字的解释就是:“招远者，招携怀远之义也。”

为何这个新县被命名为“招远”，这主要与当时胶东半岛的地位有关。如今的胶东人口稠密、经济活跃，是一个不可忽视的地方。但在宋朝时，这里还被视作偏远之地，比如《水浒传》中常见的“发配沙门岛”，就是说的胶东沿海。金朝新占领这片区域，想要有一番作为，首先就要“招携怀远”才行。

根据元代撰写的《招远县庙学记》记载，招远建县之后，因为“境连山海，地土产金”，的确吸引了不少人迁来定居，到了金代中期，（招远）“登板籍之户万一千有奇，实为上县。”

到了金元之际，因为受到战乱影响，胶东半岛总体人口规模下降，招远县一度“户不满千”，但还好并没有被裁撤。金元以降，这个招远县一直保留了下来，只不过在明代从莱州划入登州辖下。

在历史上，山东这个招远县长期以出产黄金而闻名，因此实力也比较强。在二十世纪九十年代撤县建市之后，招远县虽然不再称呼，但“招远”这两个字还是延续了下来。

元代“般阳府路”的特殊区划

从现在的山东地图来看，淄博市位于鲁中，烟台市位于胶东，两者并不接壤，从淄博最东边的临淄到烟台最西边的莱州，中间还隔着一个潍坊市。

不过，在元代，山东地区曾经有一个特殊的区划，将并不接壤的“淄博”和“烟台”联系在一起，那就是治所在淄川的“般阳府路”（有的资料简称为般阳路）。

元代实行省、路、（府）州、县的区划体系，元初山东为中书省直辖。因为当时省的面积太大，下面就分为若干路，山东境内就有济南路、东平路、东昌路、济宁路、益都路、般阳府路等，就面积来说，当时的“路”，类似于清代的“道”。

其实，从名字上看，般阳府路和山东其他的路相比，就比较特殊，它采用的是古名。淄川在汉代曾经设置般阳县，县城在般水（般，亦作盘）之阳，因此得名。

除了名字特殊之外，般阳府路的管辖区域也与众不同。根据《元史·地理志》记载，般阳府路，领司一、县四、州二，州领八县。

也就是说，般阳府路总共管辖十二个县，其中四个县是直接管辖，有八个县是由两个州分别管辖。直管的四个县分别是淄川、长山、新城和蒲台（相当于现在淄博市的主体）。剩下的八个县分别是掖县、胶水、莱阳、招远，以及蓬莱、黄县、栖霞、福山，前四个当时属莱州，后四个当时属登州（相当于现在烟台市的主体）。

对照地图就可以发现奇特之处，般阳府路西部的四个直管县，与东部的登莱两州并不接壤，也就说，登州和莱州相当于般阳府路的飞地，套用现在的区划，就是淄博隔着潍坊管理烟台。

般阳府路东西两部分不相邻这一点，从益都路的管辖区域也能得到佐证。根据记载，益都路的管辖范围是益都（青州）、临淄、临朐、高苑、乐安、寿光、潍州（北海、昌邑）、胶州（胶西、即墨、高密）、密州（诸城、安丘）、莒州、沂州、滕州、峄州、博兴州。以上区域不仅包括了如今潍坊市的全部，还包括了现在淄博市的临淄。从莱州的掖县到般阳府路的淄川，昌邑是必经之处，而昌邑属于益都路，因此，登莱为飞地，应该没有疑问。

在如今的交通、通讯条件下，管理飞地（现在常见的飞地大多只是村庄级别）都不是一件容易的事情，更何况是在元代，登州和莱州汇报事情，需要派人穿过益都路的地界到淄川，来回数百里，可想而知，般阳府路的行政效率，恐怕不会太高。

明知这样的区划会影响效率，那么元代为何要这样安排？

结合史料来看，元廷设立这个奇特的“般阳府路”，初衷的确不是为了效率，而是为了稳定。

关于“般阳府路”的设立，《齐乘》中有比较详细的记载：“国初淄州属济南（路），登莱属益都（路）。中统五年（1264年），置淄州路，登莱二州来隶。至元二年（1265年），改为淄莱路，廿四年（1287年）改为般阳府路。”

也就是说，原来般阳府路的西部，是归济南路管辖，东部的登莱是归益都路管辖，当时不存在飞地问题。而到了元世祖中统五年（1264年），这才从西部和东部各划出一部分，成立了淄州路（般阳府路）前身。

虽然《齐乘》没有明言设立“般阳府路”的原因，在字里行间已经有暗示，中统五年（1264年）这个时间点很值得琢磨。

那么，在这个时间点附近，发生了什么大事，促使元廷不顾效率而设立这样一个奇特的区划呢？查询《元史》，发生在中统三年（1262年）的李璮叛乱一事应该是主要原因。

李璮是金末山东地方割据势力李全的儿子，李全则是金末曾割据胶东称帝的杨安儿的妹夫（妻子杨妙真）。李全游走在金宋元之间，后来被南宋讨伐杀死。李璮代领其余部，归降蒙元，被任命为益都路长官。当时的益都路管辖范围极大，登州莱州亦属之，相当于现在潍坊、青岛、烟台、威海在内的整个半岛区域，都归李璮调度。这种区划，很容易造成割据一方、尾大不掉的情况。而李璮本人也的确在中统三年（1262年）反叛，不过因为没有得到其他地方势力的响应，最后在济南被俘杀。

征讨李璮之后，元廷开始通过调整区划的方式进行军民分治，从制度上消弭地方割据的隐患。《元世祖本纪》载：“中统四年（1263年）八月，以淄、莱、登三州为总管府，治淄州。”这个总管府，就是般阳府路的前身。

以此推断，般阳府路设置的初衷就是改变益都路在山东半岛一家独大的局面，淄川在西，登莱在东，形成犄角之势，一旦益都有变，般阳府路可以从东西两面进行夹击，以此钳制益都地方势力。

这一区划的设置，在元初天下未定之时，具有一定的意义，但到了统一之后，行政不便的情况就日益凸显。因此，到了元末，“般阳府路”东西分治的体系名存实亡，标志性事件就是元顺帝时期在莱阳设立的胶东行省，此时，登莱两州显然就已经跟淄川脱离了联系。

奇特归奇特，这个般阳府路毕竟也是胶东历史的一个篇章，在当地留下了不少痕迹。比如，《招远县志》收录的一篇元代碑文，署名就是“奉政大夫，般阳府路，莱州知州兼管本州诸军、奥鲁、劝农、事务李诚撰”；而栖霞衣姓的先祖，有一位就是曾担任过般阳府路的判官，留下的碑文就是《大元国奉训大夫般阳路总管府判衣公孝思之碑》；此外，多数胶东宋氏尊奉的先祖宋信，相传经就是从江西到般阳府路任职，卸任后来到胶东半岛的文登定居。

雍正年间海莱分家

清雍正年间，胶东半岛的县级区划经历了一次比较大的调整，海阳和荣成作为新设立的县，出现在历史舞台上，登州府的辖区也从“登郡八属”增加为“登郡十属”。

关于海阳建县的经过，在两份文言档案中有详细的记载，即河东总督王士俊关于裁卫设县的奏疏，以及建县前的大嵩卫守备李自遂所撰写的《大嵩卫改县始末纪略》。从史料来看，大嵩卫裁撤和海阳县的设立，并非坦途。

大嵩卫等胶东诸卫，在明初是为海防而设。到了清代，海防废弛，卫所功能淡化，卫虽然级别相当于县，但管辖范围和职权甚少。比如，当时的大嵩卫城（现海阳市凤城街道驻地），其主要的管辖范围就是城墙以内巴掌大的地方，过了护城河就是莱阳县的地盘。因此被很多人视之为鸡肋，屡有裁撤的提议。

到雍正年间，此事纳入朝廷正式议程。当时主要有两种意见，一是彻底裁撤，取消卫城的“县级”，将之划为临近县的普通村镇；二是裁卫设县，即取消卫的名称，改设新县，以卫城为县城。

第一种方案，可以增加邻县的管辖范围；第二种方案，却需要从邻县划出土地，增益新县。因此，大嵩卫的邻县莱阳显然更倾向于第一种方案。

根据李自遂的记载，当时“莱令遽拟并卫于莱”，即莱阳县令直接准备打报告将大嵩卫合并到莱阳县境内。对此，大嵩卫人颇不情愿。

因为，大嵩卫虽然管辖范围有限，但理论上与莱阳县级别相同，在科举考试名额分配以及其他政策方面有相应优势。若合并到莱阳，就变成了一个普通村镇，再无特权。

于是，王士俊奉旨东巡时，李自遂就向其陈述其中利害。王士俊亦感觉莱阳县范围过大，大嵩卫距离县城遥远，倘若并县，管理不便，就上疏朝廷，请求裁卫设县。雍正皇帝下诏允准，并钦定县名为“海阳县”。《山东通志》载：“在海之北故名。”亦有《登州府志》卷2载：“以其地在海之阳故名”。

值得一提的是，因为古代信息检索条件不够，雍正皇帝并不知道在广东省已经有了一个海阳县（寓意南海之阳），这一南一北两个海阳县并存了大概一百五十多年，直到民国初年，电报兴起，为了避免重名，广东的海阳县才改名潮安县。

海阳县设立，地盘主要从莱阳县划出。史载：“（海阳县）西以莱阳县三驾山为界，西北以莱阳县平兰社为界，北以栖霞县水头村为界，东以宁海州崮山为界。将莱阳县行村、林寺、嵩山三乡 及宁海州乳山乡和普济、兴善两社归并海阳。”

从地形上说，莱阳相当于把主要的山地和海岸线都划给了海阳。如今海阳境内名山众多，而莱阳境内海拔最高的山却不过四百米；海阳的海岸线长度在胶东诸县位列前茅，而莱阳的海岸线仅限于丁字湾五龙河口一小段。

在风土人情尤其是性格方面，正因为这段历史渊源，海阳人和莱阳人性格相仿，都有“实在”的名声，民间一般并称为“海莱”，有时也会加上北面的栖霞（与莱阳也有渊源），并称为海莱栖。

清末升级的胶州直隶州

明清时期，山东半岛的行政区划一直比较稳定，长时间维持登、莱、青三府的结构，史料多称之为“东三府”。后来设置道台，各取首字，称“登莱青道”，在胶东这个概念没有普遍使用之前，登莱青大致就是广义上的“胶东”代名词。这一情况，到了清末才发生改变，“登莱青道”变成“登莱青胶道”，“胶”字指代的胶州，从莱州府辖下的属州，升级为“直隶州”，名义上的地位开始与登莱青三府平起平坐。

胶州升级为“直隶州”，可谓清末山东半岛区划的一次大变动，其影响深远。因为在历史上，胶东半岛的政经重心长期在北部（莱州府、登州府驻地，乃至后来的烟台商埠，均在北），而位于半岛南部的胶州升级，标志着重心开始南移。此为后话，暂且不提，下面首先要介绍的是，胶州是如何升级的?

关于胶州升级的经过，后来修撰的《胶州市志》记载较为简略：“1904 年胶州升为直隶州，直属于山东布政使司，辖高密、即墨二县。”

1904 年为清光绪三十年，因此，胶州“直隶”一事，在光绪朝实录中有较为详细的记载。史载：“山东巡抚周馥奏，胶州为沿海要缺。冲繁倍于往昔。请改为直隶州以资治理……下所司议。寻政务处奏，胶州改为直隶州。应准如所请。胶州原设州同一缺。应改为直隶州同。其登莱青道。并改为登莱青胶道。”民国时期修撰的胶志（胶县县志也收录有周馥的奏折），与上文相近。

文中提到的周馥，原籍安徽，与李鸿章为同乡，早年随之办理洋务，宦海屡有沉浮。庚子事变之后，他调任直隶，为布政使，之后升任山东巡抚，胶州升级，就是在他的任上。

在奏折当中，周馥认为胶州应该升级的主要原因就是：“沿海要缺，冲繁倍于往昔。”沿海要缺好理解，清代中期，灵山卫裁撤并入胶州之后，胶州湾之天险，大半在胶州辖内，南船北来，为必经之处。而到了清末，随着德国势力的侵入，胶州的冲要地位就更加彰显。

光绪二十四年（1888年），德人强占胶澳。胶澳租界虽然主体位于原即墨县境内，但即墨位于胶澳之东，山东内地（省府）位于胶澳之西。德人入侵之前，重点在西而不在东，清廷防范的重点，也在胶不在即，对于山东内地而言，胶州可谓“门户、咽喉”，因此，重要地位逐渐彰显。

在庚子事变以及胶济铁路修筑期间，德国军队多次侵入胶州，使得清廷产生危机感。据《清史稿》记载，“初，德人在山东修造胶济铁路，因高密民聚众阻工，先后由青岛派兵赴胶、高保护铁路。山东巡抚袁世凯派员查办议结，驻胶德兵旋即撤回青岛。既，拳匪滋事，德人又派兵分驻胶州，并于城北车站旁价购民地十四亩，修造兵房。”

此后，清廷屡次与德人交涉，终于在光绪三十一年（1905年），德国撤退胶州、高密两处兵队。是时，胶州已于前一年升级为直隶州。交涉期间，胶州升级，显然有一定的政治象征意义。

当然，胶州升级不仅有单纯的“军事”意图，经贸的发达，也是一个重要原因，即奏折中所说的“繁”。

就在胶州升级的当年，山东还有一件大事，那就是胶济铁路通车（民国版胶志大事记将两事写在一起，称“光绪三十年（1904年），胶济铁路成，升胶州为直隶州”），除了两端的青岛和济南之外，中间比较大的站点还有胶州、潍县、周村等，胶州作为出青岛后的第一个大站（胶志称，胶州为铁路西来首站），商贾流通自然会比以前更为繁华。

实际上，早在胶澳开埠之后，胶州在经济上的特殊性就已经显现出来。《清史稿》载：“光绪二十五年（1899年），设胶州关。”

这里的胶州关，是否人们常说的青岛“胶海关”，暂不确定。不过，可以肯定的一点是，史料中的说的胶州关，更强调当时胶州的区划范围。根据清廷与德国人的商议，“海运进口之货不徵税，若胶州界口运赴内地，徵进口税，惟无海关准单不准出胶州界”，也就是说，胶州区划是征税的分界线，没有完税的货物，只能在胶州范围内流通，不能进入山东内地。在这种情况下，胶州自然“冲繁倍于往昔”。

另外还有一点，青岛开埠之后，胶州仅在咫尺，涉外事务明显增多。如果按照原有体系，胶州为莱州府属州，有事需先报至府（路程超过两百里），然后由府再逐级上报，程序较为冗长。而升级为直隶州之后，有事可直接上报至省，相对便利。民国版胶志中提到的也主要是这个原因。

于是，在诸多因素的促使下，山东巡抚周馥奏请将胶州升级为直隶州，清廷也很快同意。

胶州升级为直隶州，最直接的变化就是级别。按照清代制度，州分为直隶州和属州，雍正乾隆之前，属州还可管辖若干的县，但后来都逐渐剥离。到了清代后期，属州视县，直隶州视府，也就是说，由府管辖的州，相当于县级州，直隶布政司的州，相当于府级州。

不过，因为直隶州的面积通常比较小，因此品级相对于知府略低。知府的品级为从四品，直隶州知州品级为正五品，属州知州的品级更低。胶州成为直隶州之后，知州、州同的品级自然也相应提高。

此外，在管辖区域方面。明代和清前期，胶州一直管辖高密、即墨两县，中期后两县由府直管。等到清末胶州升级之后，高密和即墨又重新划到胶州辖下，新成立的胶州直隶州，管辖原胶州、高密和即墨三邑。

之前提到，胶州升级，对山东半岛的区划格局也产生深远的影响。首当其冲的，当属莱州府。

莱州府驻掖县，明清时期，长时间为半岛的区域重心（登莱青道驻地）。烟台开埠之后，登莱青道移驻烟台，算是对莱州府的一次冲击；胶州升级直隶州，算是对莱州府的另一次冲击。而且后者的冲击更为明显一些，因为相对于登州府（管辖十州县）而言，莱州府管辖的县本来就不算太多，只有掖县、平度、昌邑、潍县、高密、胶州和即墨（史料多称为莱属七邑）。胶州升级之后，胶州、高密和即墨划出，莱州府只剩下掖县、平度、昌邑和潍县，如果除去附郭的掖县，实际上只辖三县，规模大大缩水，存在感也明显减弱。

胶州直隶州存在的时间并不长，从光绪末算起，大概不到十年时间。民初，随着“废府存县”的推行，登州府、莱州府、青州府和胶州直隶州一同被裁撤。但胶州升级昭示的“重心变化”却一直没有停下，原来的“莱州府”，重心后来逐渐完全南移至青岛。

掖县和黄县，为何更名莱州与龙口

改名，是一件大事，对人名来说如此，对地名而言亦然。尤其是地名，牵一发而动全身，因此相对稳定，极少更改，改后缀易（比如撤县设市，撤市设区），改前缀难（如即墨市改即墨区，仍称即墨）。

明清以降，胶东半岛的县级地名一直较为稳定，虽有新设（分荣成于文登，分海阳莱西于莱阳，分乳山于海阳牟平），鲜有更名。一直到二十世纪八十年代，才出现两个比较明显的改名案例，即：掖县改名为莱州，黄县改名为龙口。对此，很多地名文化爱好者颇感好奇，这两个地方为何要改名呢？

一、原名由来

探讨原因之前，还是简单介绍一下掖县和黄县这两个旧名的来源。准确地说，掖县和黄县都属于单字县，即它们的名字其实叫“掖”和“黄”，县只不过是作为定语，描述两者的级别。而单字地名的历史，大多可以追溯先秦时期，彼时无论是诸侯封国还是大夫采邑，大多是单字，如果是两字，则就有“夷狄”之嫌了。

根据1990年出版的《烟台市志》对下属县市区地名的解释，掖县战国为齐夜邑（掖邑），以掖水得名，西汉置掖县，延至后世；黄县的历史稍晚，但也可追溯到秦王政二十六年（前221年）。

这种单字县，目前在山东西部仍有例可循，如菏泽市下辖的曹县和单县等。

二、改名经过及缘由

回顾完两地原名的由来，再看一下其改名的经过。两地之中，黄县改名稍早。据《龙口市志》记载，1986年9月，国家批准撤销黄县，建立龙口市（县级市），由烟台市代管。掖县改名，约在一年半之后。当地史志资料记载，1988年2月撤销掖县，设立莱州市（县级），由烟台市代管。此即两地改名经过，算起来都已超过三十年的时间。

关于改名的缘由，史志资料虽然没有明确提及，但仍有迹可循。因为在改名的同时，两地都“撤县建市”，从逻辑上说，撤县建市是它们改名的一个主要原因。

值得一提的是，在两者撤县建市的前后之间，胶东地区另一个县也升格为县级市，不过却保留了原来的名称，这个县就是莱阳（1987年2月，撤销莱阳县，设立县级莱阳市）。

同样是撤县建市，为何莱阳保持原名，而黄县和掖县却要改名龙口和莱州呢？缘由还要回到之前提到的单字县的概念。掖县和黄县，本名只是单字，撤县建市如果保留原名，就会变成“掖市”和“黄市”；就算保留“掖县”和“黄县”的两字称呼，加上市的后缀，也会变成“掖县市”和“黄县市”。

在现实中，虽然也确实出现过“某县市”的情况。比如，苏州市的吴县，在1990年前后撤县建市，名字就叫“吴县市”。河南省现今仍保留了辉县市。但县和市都属现用的行政区划名称，连在一起难免会出现混淆，因此很少有这种改法，吴县市也很快就改成了吴中区和相城区。

类似的情形，同属山东的胶县和滕县也遇到过，它们的应对之策，是保留胶和滕两个代表性的字，改县为州，再加上市的后缀，就变成了现在的胶州市和滕州市。这种改法效果较好，因为州不是现用的行政区划，跟市连在一起并无违和感，反而有一种底蕴的味道。但这种改名并非凭空而来，在历史上确实曾有过胶州和滕州，掖县和黄县则没有“掖州”（历史无此地名）和“黄州”（在湖北）可循，只能用其他的改法。

三、改名效果

掖县改名莱州，虽然首字变化，但其灵感也是从历史而来。在明清两代，掖县均为莱州府的附郭县（府驻地）。虽然在理论上，莱州的概念范围要大于掖县，但对于民间习惯来说，上莱州就是去掖县的意思。因此，这个改名，不但很快被当地人适应，而且一定程度上还激发了他们的历史自豪感。

黄县改名龙口，变化幅度较掖县更大。因为，掖县就是莱州府的驻地，而黄县县城和龙口却是两个不同的地方。《龙口市志》曾引述清康熙版的《黄县志》记载："龙口墩，明洪武二十一年（1388年）魏国公徐辉祖建。龙口之名始于此。明初，龙口仅有几家渔户。"从以上记载来看，"龙口"作为地名，出现时间比"黄县"晚很多，并且在古代长期只是普通村落，默默无闻。

直到近代龙口港开埠之后，港区附近才逐渐繁华，在1946—1950年间，一度在此设立过龙口市（当时胶东另一港口石岛也设过市），和黄县并立。

或许是因为历史上曾经出现过"龙口市"，在1980年撤县建市时，黄县才有更名为龙口市之举。近代以来，沿海城市大多因港而兴，可能在外地，龙口港相对于黄县城更有名气，因此对城市知名度而言，改名龙口的效果也不错。

不过，在当地民间，黄县和龙口还有广义和狭义之分，改名多少还是让外地人有些摸不着头脑。广义的黄县和龙口，指的是同一个地方（即这个县级单位）；但狭义的黄县和龙口，分别指的是原来的黄县县城驻地和龙口镇驻地，是两个不同的地方。过去，当地曾经有两个汽车站，分别以黄城和龙口命名，外地乘客不留意的话，很容易坐错方向。

二、人名

三国志中的胶东人

东汉末年，天下大乱，终分三国。正所谓“乱世出英雄”，在这段乱世当中，涌现出不少文臣武将。在带有虚构成分的《三国演义》当中，有名有姓的人物估计上千；在作为正史的《三国志》中，记载的人物也有数百。

就籍贯而言，三国时期的人物，以中原居多。而当时的胶东半岛地处海隅，不是经济文化核心区域，因此只有为数不多的几个人登上了这一时期的历史舞台。本文就根据史料的记载，简要盘点一下《三国志》中的“胶东人”。

在这里首先明确一下“胶东”的概念。在东汉时期，胶莱河以东的主体区域是东莱郡，此外，北海郡也管辖一部分。当时，西汉时期的胶东国已经废除，剩下一个胶东县（即墨故城，现在的平度境内），属于北海郡管辖。本文所说的“胶东人”，包括当时的东莱郡人，以及可以明确的北海郡胶东县人。

就地理位置而言，胶东半岛属于三国当中魏国的地盘。因此，《三国志·魏书》中就可以找到胶东人物，最典型的例子就是王基。

王基属于在三国时期登场较晚的人物，志载：“王基字伯舆，东莱曲城人也。”东汉时期的东莱郡曲成县城，就位于现在的招远市蚕庄镇西曲城村附近。王基从小孤苦，在此长大，虽然很早就有名声，但多次婉拒征召。一直到魏明帝时期才入朝为官。

他此后的事迹，与司马懿父子交集较多，长期在江淮一带任职，曾为荆州刺史，是魏国后期的重臣。

胶东虽然属于魏国辖区，但在东汉末年，不少人物南下，因此在吴书当中，也有胶东人物的记载。最有名的，莫过于东莱太史慈。

太史慈，字子义，东莱郡黄县人（现在黄县境内仍有太史姓）。他早年在郡内任职，后来因得罪上峰，一度在辽东避乱。回到胶东之后，帮助孔融解北海之围，名声大噪。后因同郡老乡刘繇任扬州刺史，他南下投奔。恰逢孙策击走刘繇，太史慈归于孙策，成为东吴前期的名将。他的儿子太史享也在东吴为官。

刚才提及的刘繇，严格说应该算是东汉末年人，不过《三国志》中也把他收录在内。刘繇是东莱郡牟平（后来的福山县一带）人，也是一位从胶东半岛走出的人物。他的家系，可以追溯到西汉时期齐王一支的牟平侯。刘繇作为汉室宗亲，仕途相对比较顺利，在东汉末年成为扬州刺史。倘若不是孙策的崛起，刘繇或许会成为荆州刘表一样的地方割据势力，但生不逢时，刘繇被孙策击败，让出江东，不久后去世。不过，他的儿子刘基后来倒是也在东吴任职。

除了刘繇之外，他的兄长刘岱（东莱牟平人）也算是三国时的一位胶东人物。在讨伐董卓的十八路诸侯当中，刘岱就以兖州刺史的身份登场。而当时的曹操，还只是一个校尉。但到了后来，刘岱就变成了汉相曹操的下属。刘岱去世较早，事迹在《三国志》中记载很简略，《三国演义》当中有一些戏份。

魏国和吴国都有胶东人物，只有蜀国因为距离比较远，以荆州和益州人士为主，没有见到相关记载。

上述的刘繇、刘岱、太史慈和王基，都在《三国志》中有单独传记，算是比较大的人物。而还有一部分小人物，只在书上有寥寥几笔。

比如《何夔传》中提到的长广县（古城在莱西）人管承，他有数千人马，形同割据，曹操曾专门派人前来讨伐。与他同时出现的还有东牟人王营及牟平人“从钱”，皆是一笔带过。

此外，在《王脩传》还提到的“胶东人”公沙卢（胶东县，在今平度境内），也是地方豪强，后来被王脩杀掉。考究历史，复姓公沙氏，为当时胶东县之大族。其中，公沙穆在《后汉书》中有传。他的五个儿子，后世被称为“公沙五龙”。从地理位置推断，公沙卢应该也源自这一家族。如今平度市境内，仍有公沙村，在城北。然村中已无公沙氏。

这些小人物放在天下的范围内，自然不能与曹、刘、孙相提并论，但如果只在胶东范围内看，也算是一度“叱咤风云”了。

杨安儿：在胶东“称帝”者

“古代山东出将出相，就是不出皇帝。”这句话，相信很多朋友都听过。

山东整体如此，地处海边一隅的胶东，自然也是这般。但如果仔细查阅史料的话，就会发现，在胶东历史上，其实还是出过一位“皇帝”的。只不过这位“皇帝”属于自称，不被正史所承认，就是金代的杨安儿。

杨安儿虽然被视为“僭号”，可不管怎么说，他毕竟有割据胶东之实，也算得上是当时的风云人物。本文就根据史料，简要介绍一下这位曾在胶东半岛称帝的杨安儿。

正史关于杨安儿的记载，主要是在《金史·仆散安贞传》中，他起家前期的事迹与胶东关系不大，就不再详细介绍。只知道他是益都县人，金末动荡，他作为地方豪强起兵，后来归降，被任命为地方官员。不过，一段时间之后，卫绍王大安三年（1211年），他又率众反金。金朝大将仆散安贞前来镇压，在益都将其击败。杨安儿因此东奔莱阳，进入胶东半岛。

金代后期，胶东半岛为三州体制，宁海州在东，登州在中，莱州在西。当时莱阳县尚属莱州，杨安儿进军莱阳后，莱州守将徐汝贤投降，其实力得到补充，声势复振。此后，金朝派驻登州的刺史耿格也开门归附，郊迎杨安儿入城。占有登莱两州之地后，杨安儿随即称帝。史载：“安儿遂僭号，置官属，改元天顺。”

按照惯例，称帝要有国号、年号。杨安儿的国号为何？史无明载，但年号很明确，就是“天顺”。值得一提的是，明代的英宗在复位之后，颁布的年号也是“天顺”。正统帝王的年号，与正史眼中的僭越者使用的年号相同，这一点颇受时人诟病。《万历野获编》就埋怨：“时武人石亨辈不足责，徐武功（有贞）亦不学之甚矣！”（石亨和徐有贞都是明英宗复位政变的主要参与者）

杨安儿为市井出身，对典章制度应该也不太了解，根据记载，当时为他的政权做“顶层设计”的，就是降将耿格。史载：“凡符印诏表仪式皆格草定。”称帝建元之后，杨安儿挥师东进，占领宁海州。在此，胶东三州之地，皆为杨安儿所有。

天顺政权的统治区域有多大？根据史料记载，除了登莱、宁海之外，潍、沂等地亦有其部下活动。至于“都城”，有的说法是莱州，但结合史料上下文，登州的可能性更大一些。

在杨安儿忙碌的同时，金将仆散安贞也没有停下进军的脚步。很快，他率军抵达昌邑，准备渡河而东，围剿杨安儿。

“御敌于河西”，是杨安儿的应对策略。他派遣莱州降将徐汝贤率领“三州十万众”渡河迎击。双方在昌邑东部大战一场，“自午抵暮，转战三十里”，徐汝贤部大败，伤亡数万，败退至河东。

失利之后，杨安儿部将棘七率领四万人严守新河（辛河），阻止仆散安贞东渡。然而，仆散安贞采取曹操渡渭河包抄马超的策略，分兵从上游渡河，再次击败对手，徐汝贤部退至莱州城。

这时，杨安儿所封的宁海州刺史史泼立率军来援，不过也被击败，金军于是围城。

莱州为胶东大城，一时之间难以速破，因此仆散安贞部将派出内应混入城中，在莱州城西南隅发难，攻入城中，徐汝贤败死。

莱州失守，杨安儿的割据政权趋于瓦解，登州耿格、宁海州史泼立先后投降，杨安儿乘船入海，在前往“岠嵎山”时，被舟人所杀，余部为其妹杨妙真、妹夫李全统领，逐渐发展成为依违在南北之间的一支私人武装。而当初帮助杨安儿建立朝制的耿格，在投降金朝之后，没能得到宽赦，被论罪诛杀。

莱州全真名人尹志平

“新得前高自发扬。峰峦峭拔，松桧成行。道人归计出红尘。碧洞高眠，无事牵肠。白发垂垂两鬓霜。青松影里，描邈难妆。往来游戏日当斜。行也清凉，坐也清凉。”

上面这段，是金元之际的一首词，词牌为“一剪梅”，作者是“尹志平”。

一剪梅这个词牌，大家都熟悉；尹志平这个名字，人们也不陌生。因为金庸的武侠小说《神雕侠侣》，很多人都知道了全真教的尹志平。后来在修订版当中，尹志平的名字虽然换成了甄志丙，但对于不少读者来说，前几版的观念还是有些根深蒂固。

不过，小说毕竟是小说，武侠中的人物形象，跟真实的历史还是有很大区别的。在真实的历史上，尹志平是一位德高望重的全真道士，曾长时间担任过掌教一职，并且从存世文献来看，他虽然不一定会武功，但文学素养还是比较高的。真实的尹志平，生平如何？本文就根据史料，简要介绍一番。

全真教兴起的一大关键，在于王重阳到胶东收徒，他所收的七名弟子皆为胶东人，后世称作“七真”或者“全真七子”。而全真七子后来也陆续在故乡传道收徒，因此，早期的全真教，带有比较鲜明的地域特色，弟子当中，很多都是胶东人。属于第三代弟子的尹志平，也是胶东人。

在正史当中，提到尹志平的信息并不多，主要见于《元史·丘处机传》：“（丘处机）遂卒，年八十。其徒尹志平等，世奉玺书，袭掌其教。”“处机弟子十八人，知名者尹志平、李志常、宋德方、綦志远，并封真人。”

以上记载，只能看出尹志平是丘处机的弟子，以及他曾担任掌教的信息，对于他的籍贯，并没有提及。而《甘水仙源录》收录的碑铭当中，则有相对清晰的记载。

碑铭写道：“师讳志平，字大和，姓尹氏。远祖居沧州，前宋时有官莱州者，因家焉。”也就是说，尹志平，字大和（有的资料写作太和），祖上原籍河北常州，宋代到莱州为官，因此落户。

尹志平的祖上名讳为何？何时到莱州担任什么职务？没有更详细的记载。宋金时期的莱州，虽然管辖好几个县，但如果不加后缀，只说莱州的话，一般默认为附郭县，也就是掖县。全真七子中的刘处玄就是掖县人，籍贯精确记载为掖县武官。而史料提及尹志平，只说莱州人，推测可能世居城内。

碑铭还提及：“（尹志平）显高祖妣有子九人，俱登进士第，仕至郡守者七人。”由此来看，尹氏在宋金之际为莱州望族，不过可惜的是，元代之前的胶东史料很少，在后世修撰的《掖县志》当中，查不到宋金时期尹姓进士的记载。

从碑铭记载来看，尹志平出生在书香门第，“五岁入学、日诵千余言”，按说应该“学而优则仕”，但他却从小对修道很感兴趣。他十四岁的时候，遇到丹阳子马钰，就打算跟随他修道，在父亲不同意的情况下，他离家出走。到了十九岁的时候，父亲强迫他回家，不允许外出修道，但他反复抗争，父亲终于不再阻拦。（“十四岁遇丹阳真人，遽欲弃家入道，其父难之，潜往。十九岁复迫令还家，锢之，竟逃出再三，始从之。”）

此后，昌邑、潍州、福山等地，都留下过他修道的足迹。

后来，他专程来到栖霞，拜见当时在故乡修道的长春子丘处机，丘处机收他为徒，对他相当器重。

成吉思汗派使者请丘处机西行时，曾有人对使者说："长春今在海上，非先见尹公，必不能成此盛事。"尹志平之地位，可见一斑。

此后，丘处机带领门下十八位弟子西行，尹志平就是其中之一，他就此离开胶东，剩下的时光主要在中原和燕京活动，他在八十多岁的时候羽化，在当时是相当高寿了。

如今莱州境内也有不少尹姓人，但家系大多只能追溯到明初。而从尹志平的生平推断，明代之前，莱州尹氏就应该是大族。这支尹姓有无后人延续至今，暂没有见到详细记载。

孟志源：全真教中的女真贵族

出生于栖霞的长春真人丘处机，是金元之际的一位重要历史人物。

丘处机备受后世称赞的一点就是"一言止杀"，他以年迈之身，带领弟子不远千万里，来到西域朝见成吉思汗。成吉思汗的本意是请教"长生不老"之道，而丘处机趁此机会劝其止杀，因此留下美名。

根据《长春真人西游记》的记载，当时跟随丘处机一同西行的共有十八位弟子，除了人们比较熟悉的李志常和尹志平等名字之外，还有一位叫作“孟志稳”，在别的史料当中，也写作孟志源，为行文统一，下面都以孟志源作为介绍。

孟志源这三个字，与当时常见的汉人姓名相比，并没有什么不同的地方。但实际上，这位孟志源大师，却是女真后裔。

按照史料记载，孟志源是金胶水县人，胶水县即后来的平度。女真祖居地在关外，地处胶东半岛的平度，是如何跟女真后裔产生联系的呢？

两宋之际，胶东半岛长期处在金国的统治范围内，随着猛安谋克内迁制度的施行，不少女真人也迁至胶东定居。孟志源的先祖，就是在这种情况下迁到平度。

收录在《甘水仙源录》（全真道重要文献）中《重玄广德弘道真人孟公碑铭》，对孟志源的家世有比较详细的记载，铭文称：“公名志源，字德清，号重玄子，其先本上京徒单氏。大定末，迁莱州胶水。”也就是说，孟志源的先祖本姓徒单氏，住在关外（金代上京，现黑龙江省阿城县），大定（金世宗年号）年间，迁到平度。

徒单氏（清代改称为图克坦氏），为金代的名门贵族，与皇室完颜氏屡有联姻，《金史》当中就记载了好几位出自徒单氏家族的皇后。

除了后妃之外，《金史》中还记载了一位徒单氏大臣，他与胶东半岛亦有渊源。

这位大臣的名字叫作“徒单克宁”（金章宗时太傅兼尚书令），史载：“徒单克宁，本名习显，其先金源县人，徙居比古土之地，后徙置猛安于山东，遂占籍莱州。”

而按照《重玄广德弘道真人孟公碑铭》的说法，徒单克宁就是孟志源的曾祖。原文记载道：“曾祖克宁，尚嘉祥县主，事熙宗、海陵、兴陵、道陵凡四朝，以功累迁至太师。”

不过，在具体的细节上，碑铭和金史的记载有所出入。碑铭称其先祖是上京人，而金史记载是金源县（古县名称，现在辽宁省）。此外，徒单克宁在大定朝时已经是重臣，按照金史记载的理解，占籍莱州应该在此之前，而碑铭的记载是大定末迁居莱州胶水。

虽然有记载不明之处，但碑铭不仅提到徒单克宁，还完整记载了从徒单克宁到孟志源之间的世系，为孟志源撰写碑铭的李鼎，作文时参考了金国名臣传（时间早于金史），应较为可信。

根据记载，徒单克宁生徒单斜哥，世袭千户，终于南京副留守；徒单斜哥生徒单给答马，复世袭千户职。徒单给答马生了十个儿子，孟志源排行第四（三兄六弟）。从以上记载来看，孟志源的父祖都保留了原族的姓氏和名字，孟志源出生时，应该也有女真名，但未见记载，改为孟志源，是后面的事情了。

关于孟志源的具体出生年代，碑铭没有记载，但提供了一条参考线索。碑铭称："泰和癸亥，父母与议婚事。"泰和癸亥是公元1203年，古代人结婚较早，以当时孟志源虚岁十六推算，他可能是公元1188年前后出生。而徒单克宁于金章宗明昌二年（1191年）去世（史载归葬莱州，但具体在何处，后世鲜有记载），由此来看，徒单克宁有可能见过他的这位曾孙。

出生于皇亲贵胄之家，踏入仕途是常见的选择，孟志源的兄长"有官至骠骑者、有至辅国者"，但他自己对此并不感兴趣，而是喜好道学。父母在商议他的婚事时，他"径诣潍州玉清宫，见长春宗师，请为门弟子"。就这样，虽然中间遇到了一些波折，但他还是投入丘处机门下，成为全真教的弟子。

而根据记载，孟志源这个名字，就是丘处机为他起的。志源好解释，那么，他为何要以孟为姓呢？

《钦定日下旧闻考》载："孟志源，字德清，其先本图克坦氏，大定末迁胶水，居孟氏宅，人因以孟氏称之。"碑铭的记载与之相仿："大定末，迁莱州胶水，居孟氏宅，人因以孟氏归之，此亦古之因食采地得氏者也。"也就是说，孟志源从徒单氏改汉姓为孟，是因为先人迁到平度的时候，住在一户孟姓人的宅子里，外人因此称之为“孟家”。

不过，从徒单氏改孟氏，究竟是孟志源的个人行为，还是整个家族的举动，这一点暂没有见到详细记载。从以上记载推测，家族正式对外时还是保持了女真姓氏，但民间私下称之为“孟家”，孟志源因为拜师丘处机，就正式更名。

孟志源投入丘处机门下虽然较晚，但修行颇高，他在跟随丘处机西行归来之后，长期在燕京协助处理教务，先后担任副知长春宫事、宫门提举、宫门提点、权教门事等职务。忽必烈中统二年（1261 年），孟志源“顺正而化”（去世），春秋七十有五，在当时也算是高寿了。

按照碑铭记载，孟志源逃婚而拜师入道，因此并无子嗣。至于他的家族兄弟，在金国灭亡之后，是否也改为汉姓，是否在平度延续下来？金元正史和当地史志中并无记载，似乎已成一个历史谜题了。

参与元朝东征日本的胶东将领

元朝起自朔漠，立国初期，战力很强，四处征伐，东征高丽、日本，西征中亚、欧洲。其中，对于日本，在元世祖忽必烈统治时期，曾经两次派兵征讨，但由于遇到台风等原因，两次均无功而返。

胶东半岛地处北方沿海，距离高丽、日本较近；且相对于江南地区，更早被蒙元纳入统治范围，因此在元朝对日本的东征过程中，不少胶东人参与其中。栖霞的牟全和文登的刁通就是两位代表人物。

谈到此处，其实自然而言也就要说到胶东地区的姓氏结构。现今胶东不少姓氏，相传都是明初从外地迁徙而来，而刚才说到的栖霞牟氏和文登刁氏，则显然是元代之前就已经居住在胶东的土著。

其中，牟全出身于栖霞铁口牟氏，这支牟姓相传源自古代的牟子国，宋代从牟子国旧址附近（福山）迁徙到铁口（现栖霞市桃村镇的铁口村），成为当地的望族。而文登刁氏则祖居长学山附近，即现在文登米山镇的长山村。

牟全和刁通的具体出生年月，史料中都没有详细记载，根据推测，牟全似乎年代稍微早一些。

清代《栖霞县志》记载："牟全，铁口人，至元间，诏下东征日本，全管领战船，创开水道，风波万里，奋不顾身，赐金牌、掌持兵印、忠显校尉、管军千户，升武略将军，其子元承袭其职。"

在元史当中，记载有不少胶东籍将领南下征宋的事迹，而牟全仅有东征日本事迹，而无征宋记载，以此推断，他生活的年代较早，参与的东征，也应该是第一次东征。

元朝第一次东征日本的时间，是在至元十一年（1274年），当时南宋尚存于江南，元朝出兵只有一路，那就是从高丽乘船出发。

相对而言，元朝第一次东征日本出动的兵力较少，损失的兵力也不大。牟全应该是此时在水军中任职，后全身而退。因为第二次东征日本时，元朝几乎全军覆没，只有少数高级将领逃回，如果牟全是此次出征，安全撤退的可能性不大，且即便撤回，也不太可能因此受到赏赐。当然，以上毕竟只是猜测，因为史料缺乏，牟全具体如何参与东征，暂时也无法知晓，他到过日本的可能性应该比较大。

与牟全相比，因为有较为完整的神道碑文（相当于墓志铭）留存后世，刁通的人生脉络更清晰一些，他参与东征日本的时间也相对确定，那就是第二次东征。但与牟全很有可能到过日本不同，刁通只是参与了外围的准备。

根据记载，在东征之前，刁通跟随元将阿术、伯颜等征讨江南，立下战功，当时就已经是武略将军、管军千户，至元十八年（1281 年），他膺虎符征东招讨使，率汉军四千七百余下定海，准备出征日本（第二次东征，江南已经平定，元军分两路，北路走高丽，南路约十万人从江南出发，就兵力来看，刁通应该是南路的中级将领）。

不过，受到天气影响，刁通所部在定海遇到“风浪阻进”，未能赶到主战场，“振旅而还”。但塞翁失马焉知非福，刁通虽然没有赶上大战，但也因此躲过了日本的“神风”，且保全了此前“从征三十年，未尝败北”的战绩，文登县志也称他“东逾日本，南抵琼崖，历险度艰，无不默识于心。”

与牟全相似，有元一代，刁通的子孙也世袭官职，为胶东望族。

世家宝：元末胶东守土之臣

在胶东半岛不少地方都有这样一个民间传说：“洪武北伐，胶东颇遭涂炭，人口锐减，因此有明初移民之举。”

不过，根据正史记载，在明朝北伐过程中，徐达占领益都之后，就已经控制山东大局，对于登莱一隅，徐达并没有亲自出征，而是派遣傅友德的偏师收取。而实际上，傅友德的部队也并没有在胶东打过大仗，因为元朝在胶东的地方势力，基本上都是望风归降。

根据《明太祖实录》的记载，当时陆续投降的元朝官员包括：登州守将董卓（有的史料写作董车）、莱州守将安然、莱阳守将世家宝、宁海州守将方德、陈用，及文登守将马国宁。

在这份降将名单中，莱阳守将世家宝的地位颇为不同。

其他将领大多是元朝的州县官吏，莱州的安然级别稍高，但也只是山东行省左丞。而世家宝当时的头衔是：以集贤院学士守胶东登莱诸郡，按此，登州、莱州皆在他的管辖范围内。

在此，不得不提元末设置的一批规模较小的行中书省。据《元史》记载，（元顺帝）至元二十三年（1286年）三月，置广西行中书省，以廉访使也兒吉尼为平章政事。又置胶东行省于莱阳，总制东方事。世家宝以集贤院学士守胶东登莱诸郡，驻地为莱阳，与胶东行省治所相同。因此，虽然正史没有明确记载他在胶东行省的职务，但以此应该可以推断，他算是元末胶东行省的负责人。

不过，在元朝统治面临土崩瓦解的情况下，世家宝并没有做无谓的抵抗，即便他是蒙古人出身。史载："元莱阳守将世家宝，籍其军马之数，遣佥院王世龙、都事唐宜等，诣大将军徐达纳款。"

关于世家宝的身世，《元史》和《明史》虽然都无传，但在《明太祖实录》和《国朝献徵录》都有提及。他的祖上是蒙古人，他似乎也有一个蒙古名字叫作"朱睦木挈"，籍贯为河南临颍县。“世”这个姓氏，是踏入仕途后，元朝赐的姓氏。

集贤院学士，在元代的品级很高，属于文臣而非武将。在元末的乱世中，他为何从京城外派至胶东任职？史无详载，从籍贯上推测，有可能与元末权臣王保保父子有关。察罕帖木儿是颍州沈丘县人，距离世家宝的籍贯临颍不远，算是同乡。察罕帖木儿和扩廓帖木儿击败红巾军，收取山东之后，胶东半岛自然成为他们的势力范围，世家宝以文臣出为疆吏，或许就与此有关。

作为元朝的封疆重臣，世家宝主动归降，朱元璋很是高兴，史载：“上嘉纳，授之大理寺少卿。”从品级上看，基本保持了他在元朝的待遇。

此后，世家宝在明廷的仕途一度扶摇直上。明初设立六部之后，他被任命为礼部侍郎，很快又被提拔为刑部尚书，成为朝廷重臣。

但他毕竟属于前朝降臣，难比朱元璋旧部心腹；朱元璋起初厚待他，多少也是给还没有投降的元将释放一个善意的信号。后面随着全国局势的大致平定，世家宝的作用就大打折扣了。

因此，在刑部尚书的位置上坐了没多久，他就被贬为庐陵县知县，此后虽然又略有升迁，但到了洪武十五年（1382年）致仕（退休）时，他的头衔也仅仅是云南临安府知府，与往日中枢大臣，不可同日而语。

据史料记载，世家宝有个儿子，名叫世宁，有军功授予泗州镇抚一职。虽然也不是太高的职务，但世家父子能够在元末明初的战乱年代中平稳着陆，也算是不错的结局。

姚演：元代开凿胶莱河的倡议者

就地理范围而言，人们通常把“胶莱河”作为胶东的分界线，胶莱河以东，谓之胶东。

上古虽然就有“胶水”这条河流，但我们现在所说的“胶莱河”，其实是元代开凿的一条人工运河（以南连胶、北通莱而得名），民间亦因此称之为“运粮河”。

元朝为何要开凿胶莱河？史料在记载此事时，通常都会提到一个叫作“姚演”的人。

比如《元史·世祖本纪》载：“至元十七年（1280年），秋七月戊午，用姚演言，开胶东河及收集逃民屯田涟、海。”《元史·河渠志》也记载道：“胶莱河，亦名胶东河。至元十七年（1280年），姚演建议开新河，凿地三百余里，起胶西县陈村海口西北，至掖县海仓口，以达直沽。”由此可见，这位姚演，堪称是一位给胶东划界的人物。

可惜的是，胶莱河在忽必烈至元十七年（1280年）启动开凿之后，因为“海沙易壅，又水潦积淤”，始终没有完全取得成功。至元二十二年（1285年），“以劳费不赀，罢之。”由于最终未能成功，元史对胶莱河着墨不多，对于姚演提及更少，使得后世对这位胶东历史人物并不太了解。那么，这位姚演，到底有什么来头呢？

相对于模糊的生平而言，姚演的籍贯比较清晰，据正史记载，他是莱州人。比如，《明史·河渠志》载："元至元十七年（1280年），莱人姚演献议开新河，凿地三百馀里。"元代编撰的《齐乘》也说："莱人姚演建言，首起胶西县东陈村海口，自东南趍西北，凿陆地数百里。"据此推断，姚演是莱州人应无疑问。

元代的莱州辖掖县、胶水、莱阳、招远四县，按照古代惯例，如果不说是莱州的哪个县，一般认为是州城的附郭县，即掖县。

然而，在《掖县志》当中，却并没有查到姚演的记载。他的生平，只能通过《元史》的零星记录，进行大概的拼接。

因为在《元史》中无单独传记，姚演是如何进入元朝为官的？这一点已难以考证。根据史料记载，元太宗窝阔台时期，登莱就已纳入蒙古统治范围。不过，姚演在史书中出场的时间，集中在忽必烈时期。

《元史·何荣祖传》中提到，传主何荣祖在担任山东东西道按察使时，与姚演有过交集。史载："时宣慰使乐实、姚演开胶州海道，有制禁戢诸人沮挠，粮船遇暴风多漂覆。乐实弗信，督诸漕卒偿之，搒掠惨毒，自杀者相继。按察官惧违制，莫敢言。荣祖即草辞以奏，诏免其征。"也就是说，当时有位与姚演一起开凿运河的人叫作"乐实"，官衔是宣慰使，姚演与他并称，应该也有此职。

值得一提的是，这位乐实在《掖县志》中有记载。清代修撰的《掖县志》称："山东东路西路宣慰使乐实墓，在城南四十里坟庄，有碑记，元学士虞集撰。"乐实有墓，而姚演无传，不知为何？

在《元史》记载当中，姚演的形象有点类似国有建筑公司的负责人，与他相关的事项，基本都是工程。

除了开凿胶莱河之外，他还负责过连云港一带的屯田项目，后来还负责过滦河的漕运，向元朝的上都供应粮米。

众所周知，经办工程虽属于肥差，但一不小心，易出现经济问题。而姚演也在此问题上栽过跟头。

至元十八年（1281年），朝廷命中书省会计（准确说应该是审计）姚演所领“涟、海屯田官给之资与岁入之数”，便则行之，否则罢去，也就是看看屯田是否划算。这次审计，倒是没有什么太大纰漏。

不过，到了至元二十年（1285年），“神山桥渠”事发，朝廷查明：姚演与阿八赤（通奉大夫、益都等路宣慰使、都元帅，胶莱河开凿负责人），侵用官钞二千四百锭，折阅粮米七十三万石。因此，朝廷下诏征偿，仍议其罪。

但阿八赤和姚演此后并没有受太大影响，阿八赤仍活跃在政坛，姚演在至元二十八年（1293年）也接受了滦河漕运的差事。

至元三十一年（1296年），忽必烈驾崩。忽必烈朝之后，姚演在正史中也没有了记载。

徐潮：拒考山东乡试的辽东秀才

山东和辽东之间，历史渊源颇深。在提到两者之间的紧密联系时，很多人都会以明朝的科举考试为例，在当时，辽东的秀才想考举人的话，要专门到山东参加乡试。

出现这种情况，主要是受到明代地方管理制度的影响。

明代在地方实行“三司”制度，即布政使司、按察使司和都指挥使司，分管民政、司法和军事。但地处边陲的辽东，因为属于军事前线，居民大多为卫所军户，故只设都司，不设布政使司。钱粮之事，都司虽然可以一并管理，但科考事务，只能挂靠其他省份。山东与辽东隔海相望，明初攻取辽东的兵马，就是从胶东半岛的登州出发抵达旅顺，因为这层渊源，辽东的乡试，明代中前期就挂靠到了山东。

这一情况到了嘉靖年间发生了改变，《全辽志》载：“按辽东生儒，旧赴山东布政司应试，嘉靖十年（1531 年），生员徐潮等屡请附近，甲午科始改应试顺天府。”

也就是说，从嘉靖甲午科开始，原本在山东参加乡试的辽东秀才，改到顺天府（京师）考试。

为何会发生这一变化，文中提到的生源徐潮，是位关键人物。

徐潮，字信甫，辽东定辽后卫人。根据《读史方舆纪要》的记载，定辽后卫，是辽东都司的附郭卫，辽东都司的治所在辽阳城，因此可视徐潮为辽阳人。

年少时的徐潮，并无特殊之处，史称他“赋性醇和”，很早就入学为生，为人也很孝顺，丧亲之后曾结庐守墓三年。但可惜的是，徐潮的科考之路并不顺畅。他多次南下山东参加乡试，却“屡试不第”。

遇到屡试不第的情况，不管是谁，心里都会感到郁闷；这种不满的心情日积月累，终于在嘉靖十年（1531 年）爆发。

明清时期的乡试，因考试时间在农历的八月，又称作“秋闱”。古代交通条件有限，外地路远点的考生通常要提前好几个月出发。

明初将辽东都司的科考事务挂靠在山东布政使司，一大初衷应该就是认为两地隔海相望，乘船过海应该比较便利。

然而，理想很丰满，现实很骨感。就直线距离来说，海路的确要更近一些，但风险同样更大。如今在辽东半岛的营口鲅鱼圈等地，还有望儿山一类的地名，相传就是明代一位秀才渡海考试，途中遭遇不测，他的母亲却年复一年地在海边的山上眺望，盼子归来。此外，在明代中期之后，因为倭患等问题，逐渐实行海禁策略，海路也不像以前那样便利了。

因此，除了金州卫、复州卫（旅大地区）一带的部分考生还会选择海路之外，靠近内陆的辽阳等地的秀才，通常都是走陆路到山东。由于路途较远，他们大概会提前三个月出发，路上走一个多月，到了山东适应一个多月，然后再上考场。这样的好处是，能让风尘仆仆的辽东学子，有一段缓冲的时间，更利于发挥出成绩。在嘉靖十年（1531 年）的六月（当年闰月，距离八月有三个月时间），包括徐潮在内的辽东生员，就踏上了前往山东的辛卯科乡试旅途。

天有不测风云。没想到的是，那一年的夏天，时而大雨，时而酷暑，天气很不适合长途旅行。徐潮等人在一路炎热和泥泞中跋涉了将近两个月，七月份才到济南，此时距离考试，仅有不到一个月的时间。

由于旅途劳顿加上水土不服，踏上考场的辽东秀才们发挥不佳，不少人中途退场，坚持到交卷的人，也没有考中几个。等到放榜的时候一看，录取的几十名举人当中，来自辽东的考生只有一个人，他的名字叫作“韩玮”。

在此之前，辽东考生的录取率虽然不如山东内地，但每次至少能录取三四人，比如上一次的乡试，就有安永清、傅直和冯惟健三人中举。这次只录取了一个人，让本来就长途跋涉、身心俱疲、满腹抱怨的辽东考生，尤其是徐潮忍不住了。

回到辽阳之后，徐潮联络了一批秀才来到京师递上请愿书，大意是：“辽东考生乡试发挥不佳的主要原因，是到山东赶考的路程太远，而不是自身水平不高，要求就近考试，不再参加山东科举，而是到顺天府应试。”

辽东秀才们的举动，终于惊动了朝廷。科举在明代属于礼部的管辖业务，秀才们的请愿书，应该是交给了礼部。嘉靖十年（1531年），时任礼部尚书的是江西贵溪人夏言。在夏言后来编撰的《南宫奏稿》当中，就收录了关于徐潮请愿一事的奏折。

夏言在奏折（题为《一改便科举以顺人情疏》）中认为，“彼时，辽左山东原有海道之便”，辽东秀才到山东考试倒也罢了；如今，在“海道不通”的情况下，走陆路越过顺天府来到山东，舍近求远，“事体似有不均”。因此，他建议，顺应人情，让辽东考生就近到顺天府应试。上奏之后，朝廷批准，辽东考生就此改到顺天府参加乡试。

有趣的是，带头上书的徐潮，自己却没有通过顺天府的乡试考中举人，而是通过“岁贡”（贡生的一种，相当于举人副榜）的方式踏入仕途，主要是当过训导、教谕一类的学官，一度还曾到山东任职。他的官职虽然不高，但因为有为民请便的举动，在他去世之后，也得以入祀辽阳的乡贤祠。

从嘉靖甲午科开始，辽东考生开始参加顺天府乡试，但在当时，仍然有部分考生习惯到山东赶考，此后数年，还可以找到在山东中举的辽东人的名字，比如冯惟重。

更值得一提的是，过了大概百年之后，后金在关外兴起，辽阳、沈阳、广宁等地相继失陷，辽西走廊的陆路断绝，剩下的辽东区域，如金复海盖等地，事实上又划入了山东乡试的范围。在《山东通志》的记载中，天启末年中举的名单当中，就有来自金州卫的人。当然，他们也有可能已经不住在关外，而是寄籍登州了。

李笃培：擅长几何学的招远籍进士

古代选拔人才的主要方式是科举考试，考的内容基本都是文科。

在“学而优则仕”传统观念的影响下，过去大部分文化人都主攻经史子集，以期通过科考飞黄腾达。对数学感兴趣的人，相对就少得多。

而在胶东历史上却有这样一个人，既擅长诗书，也对数学很有钻研，是一位不折不扣的文理全才。他就是明代招远籍进士李笃培。

李笃培，字汝植，别号仁字，原籍招远城里，在他父亲那一代，迁居城东郊外的楼里头村。有趣的是，这个村庄起初另有它名，改称“楼里头”，也正是因为李笃培的缘故。此为后话，暂且不提。

李氏为招远书香门第，李笃培从小就用功苦读、博览群书。据清代《招远县志》记载，他于万历乙酉年（1585 年）以山东乡试亚魁的身份考中举人，显示出深厚的文化功底。而史料虽然没有详细提及他的年龄，但推测当时应是青年时期，也可谓年少得意。

不过，好事多磨。举人中榜过了二十多年后，他才在万历庚戌年（1610 年）考中进士。当时的他，应该已经是位中年人了。

在考中进士之前这段时间，李笃培除了温习诗书之外，还有别的收获。《招远县志》称："少时见利玛窦书有悟，遂精于数学。"考虑到利玛窦是在万历中期才抵达内地，李笃培接触利玛窦的书，应该就是在举人和进士之间这段空档期吧。

或许是中年入仕的关系，踏入官场的李笃培，表现得十分干练沉稳。他长期在工部任主事（史料多雅称为"司空曹"），主要负责工程建设，这个工作很适合发挥他的数学特长。他也因此干出了让万历皇帝赏识的成绩：有项工程本来需要一年多的工期，但李笃培筹划得当，月而告成，节省近二十万两银子的费用。史称："以进神宗，温旨褒答，有朕心甚悦之谕。"

李笃培不仅精于土木工程的实践，在数学理论方面也很有造诣。据清代《招远县志》载，他曾著有《方园杂说》一说。不过此书仅在清代《招远县志》中存录部分篇章，全文鲜有面世，不知是否失传。

从存录的内容来看，《方园杂说》似应为《方圆杂说》，所谓"方圆"，与几何数学中的图形类似，而李笃培又加入中国传统文化的引申解释。

例如，他说："大哉圆之为德乎，生于自然。"这句话偏重于文化含义。"圆之剖为弧，弧有弦，有背，有矢与角，其弦平，其背端矢，中居两角等，俨然正也。"这句话就偏重于解释几何。

几何数学用现代汉语描述，有时也不太容易理解。而李笃培用文言文来解释，更是深奥难懂。难怪《招远县志》称："《方园杂说》，尤为奥衍。"

就学问而言，李笃培堪称文理全才；而就做人来说，他也颇为可敬。清代人张潮撰写的《虞初新志》中在介绍莱阳人姜埰时，也提到了李笃培。

明清时期，胶东各县的世家大族彼此多有联姻，招远李氏与莱阳姜氏就有亲戚关系（中表）。明崇祯年间，刚出人头地的姜埰曾前去拜访李笃培。后者叮嘱他道：“子富贵何足异？士大夫立身，要当为朝廷任大事耳！”姜埰听了之后，“敬而受之”。

晚年的李笃培回到故乡之后，在招远东郊的住所又发挥土木特长，建造了一座楼阁，当地人俗称“楼里头”。久而久之，楼里头逐渐变成了村庄的代称，延续至今。

梁衡：明末莱阳“悲情知县”

前脚在战场上杀敌立功，后脚却被打入大牢，这种于情于理都很是说不通的经历，却真实地发生在一位莱阳历史人物身上。

这位莱阳历史人物，名字叫作“梁衡”。梁衡是明代陕西城固县人，进士出身，曾任莱阳知县。就是在莱阳任职期间，他遇到了上述那种让人无法理解的经历，成为一位悲情人物。

莱阳是山东登州府治下的大县，梁衡到此任职，按说本来对他是一件好事。但没想到的是，他在崇祯四年（1631 年）上任，第二年就遭遇了变故。

崇祯四年（1631 年）末，孔有德在河北吴桥发动叛乱，五年（1632 年）正月，叛军攻陷登州，进而侵扰胶东其他州县。莱州被围，黄县、招远和平度相继陷落。当年五月，叛军在围困莱州的同时，分兵一路从平度出发，进攻莱阳。

就地理位置而言，莱阳位于胶东中枢，四通八达，且人多地广。叛军若占领莱阳，一方面可以搜刮当地物资，作为战略后方；另一方面也可进窥即墨、胶州，从南路威胁山东内地。因此，莱阳的得失，关系明廷平叛大局，具有战略意义。

叛军进攻莱阳时，距离兵变已经过了将近半年时间，莱阳城中应该已经有所准备。当时的莱阳，除了有梁衡等地方官吏之外，还有一位“外援”徐元奇。这位徐元奇，有可能是从即墨营派来的援兵。此外，莱阳乡绅宋继澄等人还帮忙出力，齐心守城。

莱阳与平度相邻，叛军举动，莱阳方面应很快可以知晓。因此，当得知对方从平度向莱阳进攻时，梁衡先在城外设下一支伏兵，等到叛军攻城不克，稍微懈怠之时，城内城外两面夹攻，击败对方，守住了莱阳。直至孔有德叛乱结束，莱阳始终控制在明军一方。

按说，梁衡守城有功，即便不加官升职，至少也应给个口头嘉奖。可没想到的是，他在事后居然被打入大牢，原因是与同僚之间关系不好，互相揭发所致。

与梁衡同时代的杨士奇，在《玉堂荟记》中记载了梁衡被打入大牢的经过。“宋之儁，山西人，登州佥事；梁衡为莱阳知县，皆当孔贼叛时，有守御之功，其后因争叙不和，遂至互讦。宋讦梁九十八款，梁讦宋一百零二款，但宋富而梁贫，故梁入狱而宋仅候问。”梁衡与一个叫作“宋之儁”的人彼此不和，互相揭发对方，宋之儁揭发梁衡九十八条罪名，梁衡揭发宋之儁一百零二条罪名，但因为宋之儁富有，可以打点关系，而梁衡没钱，被打入大牢。

虽然很多人知道梁衡有冤，但无人敢仗义执言。审理下来，梁衡被控在任期间，涉赃白银两万两。对此，杨士奇就在书中直言荒唐，因为梁衡任职莱阳不过一年时间，其中有八个月的时间都在忙于守城，剩下的时间里，就算一天贪赃一百两（当时对于普通人来说，已经是一笔巨款），算下来也不够两万。

从史料记载来看，梁衡虽然可能有其他短处，但在金钱方面，还是很有操守。他后来被改判充军流放，甚至凑不够路上的盘缠，其清贫可见一斑。

进士出身，守城有功，最终落了一个充军流放的下场，梁衡可谓一个悲情式的人物。不过，他倒是有一个好妻子。根据《陕西通志》记载："李氏，城固人，前莱阳令梁衡妻。年十七随夫之任，值寇至，氏相衡为守御计，莱邑得全，后归里，夫亡，氏年二十二。兵荒迭起，氏拮据抚育子复震为弟子员，卒年七十。"

按照这段记载，崇祯四年（1631年），李氏跟随梁衡到任莱阳时，只有十七岁；而到了二十二岁的时候，梁衡去世，推测应该是在充军之后没多久便故去。李氏回到故乡，将儿子梁复震培养为秀才，活到了七十岁。

梁衡在明廷不受重视，但因为他在战乱中保全了莱阳城，当地人却没有忘记他的功劳。后来，他入祀莱阳的名宦祠中，多年香火不绝。

济席哈：于七之敌手

胶东半岛地处海隅，远离中原，在古代并非战略要地（但近代海运兴起后不同），因此鲜有大的战事。从史料记载来看，只有明末清初两次战争的规模较大，分别是明末登州的孔有德之乱以及清初栖霞的于七起义。

其中，于七起义这个话题，在胶东学界和民间都已是老生常谈。但以往在讨论这一题目时，有一个细节往往会被忽略，那就是于七的对手。

两军对垒，各有主将，起义军以于七为首，那清军的主将是谁呢？查询史料可知，镇压于七起义的清军首领，名叫“济席哈”（有的史料写作济什哈，系音译不同）。

据《清史稿》记载，济席哈出身满洲正黄旗，属富察氏，算是八旗当中的名门望族了。因为出身名门的缘故，济席哈仕途出道就是“牛录额真”（佐领），在皇太极时期，他就多次随军在松锦一带与明军交战，战绩有胜有败，官职时升时降。

清顺治元年（1644年），他跟随多尔衮的大军入关，在进攻李自成的军队时立功，获得“拜他喇布勒哈番”（骑都尉）的世职。顺治朝十几年的时间内，济席哈基本都是在与南明、大顺和大西余部交战过程中度过。期间参与多次战役，如攻取浙江、福建之役，与他交手的明军将领有马士英、方国安、郑彩等人。

在一路征战中，他的官职也越升越高。“（顺治）七年（1650年），调刑部，擢尚书，进世职三等阿思哈尼哈番。九年（1652年），授正红旗蒙古固山额真。”（《清史稿》）

到了顺治十四年（1657年），济席哈又参与了攻取云南的战役，与南明著名将领李定国所部多次交手。不过，在顺治十七年（1660年）时，济席哈因为此前在云南一役当中“勘从征将士功罪不实”，遭到处罚。

此时，济席哈年事已高，遭此处罚，可能就此淡出官场。但就在此时，胶东半岛爆发了“于七起义”，在八旗宿将渐尽的情况下，济席哈又获得重任。

“于七起义”的具体经过，就不再赘述，《登州府志》的记载为：“（顺治）十八年（1661 年）春……七惧罪，乃复入山（牙山）……朝廷命靖东将军济席哈等及总督祖泽溥统各路兵马会剿。”

济席哈此时挂“靖东将军”印，在清代武官体系当中，这算是一个很高的职务。相比之下，于七被招安时，授予的官职仅仅是“栖霞把总”，两者的级别之差颇大，但风云际会，成为对手。

济席哈出征，其所部八旗兵自然也一同上阵。而于七前后两次发动起义，第一次起义时，并没有明确看到八旗兵前来镇压的记载，与他交手的只不过是地方驻防军力；而第二次起义时，正黄旗将领亲自挂帅，其所部也刚刚参加过攻取云南的战役，可谓经验丰富，由此也可以看出，清廷对于七第二次起义的重视程度。

从济席哈的履历来看，他之所以会被选做进军胶东半岛的主将，或许与他此前与山东有过交集相关。顺治十年（1653 年），清廷的胶州总兵海时行叛乱，济席哈被派往前线镇压，因此对半岛地区应有所了解。

从以上情况来看，清廷派往镇压于七的主将官职不可谓不高，兵力不可谓不强，但战事仍不像想象中那么顺利。于七率部依靠牙山险峻地形坚守数月之久，最终因粮草不济，才突围而出。相传，突围后的于七隐姓埋名，在崂山出家，还颇为长寿。而济席哈则在康熙元年（战事结束当年（1662 年））就去世，他死后半个多世纪之后，其子上书康熙皇帝，陈述先人功劳，康熙皇帝下诏，追谥济席哈为“勇壮”。其实，“勇壮”二字，用来形容于七，倒也相当贴切。

朱大典：平定孔有德之乱

在胶东半岛发生的孔有德之乱，是明末的一次历史大事件，其影响不仅限于胶东，对明清全盘的实力对比也带来了连锁反应。

人物是事件的具体承载者，在孔有德之乱的过程中，涉及的人物自然包括两方面：叛乱方和平叛方。但在这一历史事件中，后世的人们对叛乱方的人物比较熟悉，对平叛方的人物却相对陌生。对于多数朋友来说，提到叛乱方，都会想到孔有德和耿仲明。但提到平叛方，就鲜有能脱口而出的名字。

回顾登莱之乱的全过程，明廷由前期的被动局面，转为进攻态势，关键在于一次人事任命。临危受命出任山东巡抚的朱大典，可谓平定叛乱的一大功臣。

朱大典，字延之，浙江金华人。他虽然也姓朱，但与明朝宗室并无关系，史称“家世贫贱”。因此，他后来能成为地方大员，主要靠的是自身努力。他从小发奋读书，在万历四十四年（1616年）考中进士，踏入仕途。

除了一开始担任过知县之外，朱大典仕途的前半段主要是在“言官”任上度过，历任兵科给事中、福建副使、右参政。天启年间，因为得罪魏忠贤，一度归隐。进入崇祯朝之后，被重新启用。

崇祯五年（1632年）四月，朱大典的仕途迎来一次转折点。当时孔有德的叛军围攻莱州，山东巡抚徐从治在战斗中殉难。朝廷在物色替代者时，相中了朱大典。史称："山东巡抚徐从治中炮死，擢大典右佥都御史代之，诏驻青州，调度兵食。"不久后，登莱巡抚（当时山东境内有两个巡抚）谢琏被叛军设计诱俘，总督刘宇烈被朝廷逮问，此时朱大典就成为平叛前线的最高指挥官。

朱大典上任之初，虽然叛军气焰仍很嚣张，但他手中也有不少牌可以打。此前的被动局面，主要在于指挥者战和不定，官军战意不够坚定。而朱大典从一开始就明确了以战平叛的思路，因此很快扭转了局面。

当时，可供朱大典指挥的军队有山东本地人马和外省援军，加起来一共数万人之多，其中还包括了一支来自关宁前线的铁骑。这支关宁铁骑虽然只有四千八百人，但兵不在多而在精，在后来的平叛作战中发挥了很大的作用。

对于朱大典来说，当务之急是解莱州之围。而要解莱州之围，前提是渡过胶莱河。

于是，明军三路出击，总兵金国奇率领关宁铁骑为前锋，邓玘步兵继之，走中路，向平度灰埠进军；昌平总兵陈洪范，副将刘泽清、方登化，从南路进发；参将王之富、王文纬等从北路掖县海庙进军。史称："诸军皆携三日粮，尽抵新河东岸，乱流以济。"

顺利渡过胶莱河之后，明军向莱州城进军，在途中的沙河遭遇叛军，发生激战。在沙河之战中，关宁铁骑在猛将祖宽的带领下，"贼大败，诸军乘胜追至城下。贼夜半东遁，围始解。"

此后，明军相继收复招远、黄县等地，将叛军包围在登州城中。孔有德见势不妙，走海路逃至辽东投降后金，登州重回明朝统治。

在平叛战争中，朱大典作为文臣，虽然没有亲身上阵，但统帅调度有功。因为前线军队来源不一，有主有客，将领水平也参差不齐，朱大典在这种情况下，能够短时间内捏合队伍，发挥出战斗力，显然颇有管理才能。事后，明廷论功行赏，晋升朱大典为兵部右侍郎，赐予锦衣卫百户的世荫。

于山东任上表现出色的朱大典，颇受明廷信任，后来长期镇守凤阳（朱元璋龙兴之地），担任总督江北及河南、湖广军务。崇祯末年，朱大典被人告发，一度去职。但福王在南都建立弘光政权之后，他与马士英、阮大铖交好，被任命为兵部尚书。

清军南下，弘光政权瓦解之后，朱大典返回故乡金华，据城固守，仍忠于明朝。在福建的唐王听闻，加封他为东阁大学士，督师浙东。然而，不久之后，清军攻破金华，朱大典全家殉难（阖门死之）。

终其一生来看，明廷待朱大典以恩，朱大典报明廷以忠。虽然野史传闻他为官较贪（《明季南略》称："御史郑瑜劾前总督朱大典侵赃百万。"），但也不失为有气节之臣。

陈锦：清初首任登莱巡抚

在历史上，登莱巡抚曾是胶东半岛范围的最高官员，不过，这一职位存在的时间并不长。明末设立，清初就裁撤。

时间虽然短暂，但重要性却不容忽略，明清时期很多历史大事件都与之有关，其影响也不限于胶东一隅，对于全盘形势也有“牵一发动全身”的效应，比如明崇祯年间的孔有德之乱，就明显改变了明清之间的实力对比。

清军在入关之初，为快速占领山东，也延续了明末“山东两巡抚”的设置，即在内地设立山东巡抚的同时，保留了登莱巡抚这一职位。很显然，清朝在当时对登莱巡抚是比较看重的。因此，在这种背景下，能够坐上首任登莱巡抚位置的，自然是朝廷眼中的“红人”。

据《清史稿》记载：“顺治元年（1644 年）秋七月甲辰，以杨方兴为河南总督，马国柱为山西巡抚，陈锦为登莱巡抚。”此时，距离清军入关不过三个月的时间，之前也没有其他登莱巡抚见于记载，按此来看，陈锦应为清代首任的登莱巡抚。

关于陈锦的来历，《清史稿》中的本传有简要记载：“陈锦，字天章，汉军正蓝旗人，初籍锦州。仕明官大凌河都司，崇德年间来降。”也就是说，他是原籍锦州的辽人，作为明朝降将在清廷效力。

大凌河都司的官职不算太高，因此投降清朝之后，陈锦起初的待遇也比较一般，只是牛录额真。不过，随着清军入关之后，统治范围的扩大，用人岗位的增多，投降较早、“资历”较深的陈锦，得以时来运转，逐渐成为封疆大吏。

根据本传的记载，陈锦在出任登莱巡抚之前，已经是内院的副理事官。后来，他在登莱巡抚任上，清廷几乎对他言听计从，或许就与这段中枢任职的经历有关。

走马上任之后，陈锦办理的第一件大事，就是在招远开矿。《清实录》载：“顺治元年（1644 年）十一月……登莱巡抚陈锦，请开临朐、招远矿洞。命暂行开采，不为例。”

这里说的临朐，并非潍坊的临朐县，而是汉代东莱郡的临朐旧地，也就是现在莱州的北部区域。此地和招远，是胶东半岛有名的黄金产区。陈锦奏请开矿，就是想在这里挖黄金。

俗话说，“大军未动、粮草先行”，清朝想巩固在山东的统治，乃至征服江南，都需要大量的军费。而胶东半岛在明末屡经战火，府库无存，清廷为了招揽人心，第一年又给出了免征粮的政策。在这种情况下，陈锦在登莱巡抚任上想有所作为，必须拓展其他财源作为经费。挖矿，就是相对简单易行的方式。

当时，山东虽然面上被纳入清朝统治范围，但民间仍有不少反清势力。在胶东地区，招远人杨威就拉起了一支数千人的队伍。史料称，杨威接受了南明弘光政权副总兵的任命，与南明江北四镇之一的刘泽清音讯互通，一时之间，声势很大。

陈锦显然将杨威视为心腹大患以及立功的筹码。他恩威并施，一方面派兵征讨，一方面派人劝降。杨威虽然与刘泽清有联系，但远水不解近渴，在没有外援的情况下，他的队伍逐渐瓦解。杨威本人虽然削发入山，但陈锦为了不留后患，仍派人“斩之”。

此后，位于山东腹地的青州发生叛乱，陈锦又派兵参与征讨，清朝为此还专门下诏赏赐。

顺治二年（1645 年），在莱州府境内，有位叫作“张广”的人再次起事，兵锋波及潍县、掖县、平度。陈锦又设下计策，将张广射杀。

几次三番的“立功”，也得到了清廷进一步的信任。顺治二年（1645 年），清军平定弘光政权之后，陈锦官升一级，出任操江总督，此时距离他到任登莱巡抚，不过一年多的时间。

此后，陈锦又被清朝委任以闽浙总督的要职。在这一官职上，他的主要对手就是郑成功。顺治九年（1652 年），郑成功进军漳浦，陈锦前往救援，作战不利，迁怒仆人。仆人怀恨在心，夜半刺杀之。死后，清廷追赠他为兵部尚书。

陈锦一生，虽然由明降清，但在清代乾隆年间修纂的《贰臣传》(贬义，讽刺降臣不忠)中，却没有他的名字。或许是因为他投降时职位太低，也或许是由于他最终为清廷殉难了吧。

张尚贤：招安于七的登州知府

自从明洪武九年(1376年)升级为府，至民初废府存县，登州府在历史上一共存在了五百多年的时间。这期间，至少有数十人曾担任过"登州知府"的职务。在众多的"登州知府"当中，有一位人物曾在胶东和辽东历史上都留下了重要的痕迹，他的名字叫作"张尚贤"。

张尚贤虽然后来官至巡抚，但清初巡抚较多，不如清末"珍贵"，因此在《清史稿》中并无列传。他的事迹散见于《登州府志》《辽阳州志》《盛京通志》和《江南通志》等史料中。

关于他的籍贯出身,《登州府志》称"辽阳生员",《辽阳州志》和《盛京通志》称"辽东人",《皇朝经世文编》称"盛京铁岭人"。辽阳和辽东大致可视作同一地，而铁岭到辽阳则有些距离。但不管怎么说，他都属于"辽人"，即清军入关前就归顺的汉人。辽人大多被编入汉军八旗，张尚贤属汉军正蓝旗(《钦定八旗通志》)。

清军入关之初，对辽人比较重用，即便是生员出身，也可委以要职。张尚贤之前的四任登州知府，有三任是辽东出身(只有首任不是)。顺治五年(1648年)，张尚贤接印视事，成为清代第五任登州知府。

张尚贤上任之初，登州府并不安定，反清势力此起彼伏。最有名的，当属栖霞人于七率领的一支队伍。

于七曾先后两次起兵反清，第一次起兵的时间，也在顺治五年（1648年），差不多就是张尚贤上任前后。到了顺治七年（1650年），他的部众在攻打登州府治下的宁海州时，杀死知州，胶东大震。当时，清廷主力忙于平定南明政权，无暇顾及登州。在这种情况下，张尚贤作为登州主官，采取招抚政策，委任于七为栖霞把总（低级武职），暂时稳定了局势。

张尚贤是用什么方法说服了于七？史料没有明确记载，但《登州府志》的模糊描写可以参考。府志称：张尚贤带着年幼的儿子单骑赴会，劝说“贼人”归降。为了让对方信任，他甚至提出让儿子留下作为人质。“贼人”感泣，因此归降。

这则记载虽然没有明确说“贼人”叫什么名字，但从年代来看，不排除是于七的可能。

除了招抚于七之外，张尚贤在登州知府任上还有其他政绩。史载他刚正不阿，即便是上官，对他也很敬惮。

他前后担任登州知府大概三年时间，也就是顺治八年（1651年）前后卸任。此后的顺治十一年（1654年）他成为辽阳知府，中间是如何过渡的？暂不得而知。

虽然都是知府，但从登州府到辽阳府，算是升迁。因为辽阳是清廷的龙兴之地，张尚贤在顺治十一年（1654年）成为辽阳知府，十四年（1657年），辽阳府改为奉天府，他成为奉天府尹。

在清代，京师所在的顺天府和盛京所在的奉天府，级别较高。普通知府为四品，顺天府尹和奉天府尹为三品。

在辽阳府和奉天府任上，张尚贤向朝廷提出了许多建议，核心就是“招抚移民，充实辽东”。

比如，《清实录》载：“辽阳府知府张尚贤奏言辽东旧民、寄居登州海岛者甚众。臣示谕招徕。随有广鹿长山等岛、民丁家口七百余名。俱回金州卫原籍。但金州地荒人稀。倘准其任意开垦、则生聚渐多。亦可立县治。而诸岛皆闻风踵至矣。”

在清代，胶东人闯关东大概有三个高峰期，一个是顺治年间，一个是乾隆年间，还有就是清末。其中，根据族谱记载，顺治年间闯关东的人们大多是“奉旨拨民”，结合史料来看，张尚贤应该也起了不少积极作用。《盛京通志》称：“辽阔，多招来流徙之民，尚贤拊循有道，一二年中遂致殷富。”为了纪念他的功绩，当地人后来还建祠祭祀之。

到了顺治十八年（1661 年），张尚贤再次升迁，从辽东南下江淮，任凤阳巡抚。在此任上，他不如在奉天活跃，史料提及较少。而凤阳巡抚这一职位在康熙初年裁撤，其任职时间不算太长。他之后的事迹，就鲜有记载了。

贾桢：黄县籍三朝重臣

明清两代，胶东半岛人才辈出，培养了不少“尚书级”的人物，如文登丛兰、福山郭宗皋、掖县毛纪、即墨黄嘉善、蓬莱沙澄、宁海李永绍、莱阳初彭龄等。其中，在半岛北部的黄县，也有这样一位代表人物，那就是清代的贾桢（1798—1874）。

关于黄县贾氏的渊源，《黄县志》中记载称：“贾氏，明洪武三（1370 年）年由平度州界山社迁来……世居城南江格庄及北关，族不甚繁。”

就人口规模而言，黄县贾姓虽然不算太多，但族不在大，有官则名。在清代，黄县贾姓在科举中屡有佳绩，堪称一时名门。贾桢的父亲贾允升在乾隆六十年（1795 年）考中进士，官至兵部侍郎，已经算是当时名流。而贾桢本人，也在此基础上更进一步，将黄县贾姓的名望升至一个新高度。

根据史料记载，贾桢的仕途起点，始于道光六年（1826 年）。当年，二十八岁的他考中一甲二名进士，即俗称的“榜眼”，差一点儿改写登州无状元的历史。科举的优秀表现，使得他直接进入了翰林院，任编修一职。翰林院，在古代被视为储才重地，提拔的机会比较多。

从政的前十五年，贾桢主要是在翰林院和上书房度过，先后担任编修、侍讲、侍讲学士、少詹事、内阁学士等职务。虽然没有地方历练的经验，但长期的中枢工作，也使得他逐渐成为皇帝身边的熟人跟红人。

道光二十一年（1841 年），贾桢的仕途进入快车道。当年，他被提拔为工部侍郎（正二品），又调到户部。侍郎为六部副职，已经是朝廷重臣，多少进士熬一辈子也做不到这个位置。不过，贾桢并没有停下升迁的脚步。担任侍郎六年之后，道光二十七年（1847 年），他先被提拔为左都御史，后又转任礼部尚书，成为一品大员。当年，贾桢是四十九岁的年纪。

在道光朝，贾桢青云直上。到了咸丰朝，他的职务虽然多有变动，但仍屹立不倒。

咸丰三年（1853 年），他获得太子太保的加衔，任上书房总师傅，兼管顺天府尹。五年，兼管工部，并晋升为武英殿大学士。

值得一提的是，贾桢不仅官大，而且在兄弟当中属长寿的一个。咸丰六年（1858 年），贾桢的母亲去世，他上了一道奏折说："臣兄弟五人，诸昆叠故，臣幸仅存。"请求自己回乡守制。

到了咸丰八年（1860年），丁忧结束之后，他以大学士衔补吏部尚书，仍充上书房总师傅。寻复授体仁阁大学士，管理兵部，兼翰林院掌院学士。而后来，在英法联军进攻京师的时候，他还是京城的团防大臣。

咸丰皇帝在承德避暑山庄去世之后，进入同治朝时代。在辛酉政变前夕，贾桢与其他人联名上奏折，请求两宫皇太后垂帘听政，因此在同治初年波诡云谲的局面中，他始终圣眷不衰。同治六年（1867年），他七十大寿，皇家为之赐寿，礼遇规格很高。

同治十三年（1874年），七十六岁的贾桢去世，朝廷依大学士例赐恤，加赠他为"太保"（正一品），入祀贤良祠，谥号"文端"。要知道，胶东历史上赫赫有名的抗倭名将戚继光，也只不过是"少保"而已（当然戚继光生前为少保，贾桢死后赠太保，有所区别）。而差不多同一时期，能够被赐予"文端"谥号的，还有一位就是桂良。桂良，曾担任过军机大臣、直隶总督，还是恭亲王奕䜣的岳丈。贾桢的谥号与他相同，其地位可见一斑。

高晋：海阳首任正式知县

在胶东半岛的县市（不算区）当中，海阳算是设立相对较晚的一个。在明代和清代前期，海阳大部分属登州府莱阳县管理，滨海一隅为大嵩卫辖区，一直到了清雍正年间，海阳才单独建县。

关于海阳建县的原因，《清实录》和《海阳县志》中都有记载，大致原因是当时奉命东巡的河东总督王士俊认为，承平时期，胶东沿海的威海、成山、靖海、大嵩等四卫已经失去了过去存在的意义，尤其是大嵩卫毗邻的莱阳县，地域广阔，管理不便，建议以大嵩卫城为县治，设立新县，以此为两便之举。

清廷准其奏，雍正皇帝取黄海之阳的寓意，为这个新设立的县赐名海阳，这就是海阳县建立的由来。值得一提的是，当时没有计算机查重系统，一时之间也没有人提醒雍正皇帝，其实在广东的南海边（属于潮州），已经有了一个海阳县，因此，从雍正到清末，山东的海阳县和广东的海阳县长期并存，一直到了民国初年，电报邮政逐渐发达，重名县之间容易混淆，这时，广东的海阳县更名为潮安县，而山东的海阳延续至今。

不过，本文叙述的年代为清代，为避免混淆，还是以登州府海阳县作为标题。

众所周知，成立一个新的区划，首先要解决的就是人事问题，即原来的人员怎么安排，新任的官员从哪里选派？登州府海阳县设立之初，谁是首任知县？这也是一个很引人关注的话题。

乾隆年间，登州府海阳县建立的时间还不长，那时修撰的《海阳县志》中，只记载了三位知县的名字，分别是费元衡、高晋、包桂。其中，费元衡实际上是雍正末年的莱阳知县，雍正十二年底（1734 年），朝廷就已经决定设立海阳县，但一时还没有派出新知县，费元衡就以莱阳知县的身份，署理海阳县事，作为正式交接前的一个过渡。

费元衡署理海阳知县大概半年之后，朝廷新选派的海阳知县走马上任，他的名字叫作“高晋”，此前为山东泗水县知县。

根据《海阳县志》的记载，高晋到任的时间是雍正十三年（1735年）十月十八日，此时已经是秋末冬初，并不是一个适合外出活动的季节。但建县之初百废待兴，尤其是与莱阳县勘界等工作需要马上推进。因此，高晋下车伊始，便亲力亲为，相当勤政，后世对他评价也相当高，从实际效果来看，清廷也的确给海阳物色了一个不错的人选。

从档案上来看，高晋为汉军镶黄旗人，籍贯为奉天。但在民间传言当中，他与海阳却有很深的渊源。除了是海阳首任知县外，相传他与海阳有名的徽村高姓有同宗，也就是说，高晋的祖籍就在海阳。(《海阳县续志》称：“传闻晋与本处徽村高氏为同族”。)

按照清代制度，地方官实行原籍回避制度，即本地人不得在本地为官。高晋祖籍为海阳，为何会派到海阳为知县?

对此，通常有两种解释，一种是高晋先祖的确与徽村高姓同宗，但迁到关外时，尚无海阳县，原籍记载为莱阳县，而高晋沿用原籍莱阳，因此到海阳任职无须回避；还有一种是，高晋与徽村高姓同宗属于讹传，根本不存在回避问题。

根据《八旗满洲始祖通谱》记载，高晋的先祖名为高名选，镶黄旗人，世居辽阳，国初来归，原隶包衣。而在清初，汉人投旗的情况并不鲜见，但如果是胶东移民，大多会记载原籍信息。这段族谱中只提到高晋的先祖世居辽阳，并未提到海阳或莱阳为原籍。

且乾隆版的《海阳县志》并未提及高晋籍贯，《续志》为光绪年间修撰，年代已经久远，且原文也有“传闻”二字，不敢肯定，因此高晋原籍为海阳之事，只能暂且存疑。

不管原籍是否海阳，高晋出生时，其家族入旗已历经了四五代人，成为皇室比较信赖的群体。因此，这一家族的仕途也都比较通畅，高晋的父亲高述明曾任凉州总兵，伯父高斌官至大学士。而高晋自己，以恩荫监生的身份踏入仕途，任泗水县知县。登州府海阳县设立之后，他被选中，成为首任县令。

在清代实行的“冲繁疲难”地方评级制度当中，海阳县被定为“简”，相应的，当地知县也并非要缺，通常难有较大的仕途。但首任知县需要在草创之时操持局面，责任重大，显示出的是朝廷的信任。因此，高晋从泗水县调任海阳县，虽然表面看起来没有升迁，但也算是一种历练了。

在海阳知县的位置上，高晋兢兢业业干了三年时间，等到了提拔的机会。根据清史稿记载，乾隆四年（1739 年），他离开海阳县之后，一路扶摇直上，历任陕西邠州府知府、安徽布政使兼江宁织造等职，等到乾隆二十年（1755 年），他已经官居安徽巡抚，成为地方大员。

此后，他没有停止升迁的脚步，乾隆二十六年（1761 年），他升任江南河道总督；二十七年（1762 年），授内大臣；二十八年（1763 年），加太子太傅；三十年（1765 年），被任命为两江总督，进入封疆重臣的行列。乾隆三十六年（1771 年），他以两江总督本官，兼署漕运总督，授文华殿大学士，兼礼部尚书，显赫一时。

官位虽然越来越高，但高晋的口碑一直保持不错，他在河道总督和两江总督任上，都颇有政绩，治理河道名声流传后世。乾隆四十三年（1778 年），七十二岁的高晋去世，谥号“文端”。

按照这个年纪推算，雍正十三年（1735 年）就任海阳知县时，高晋只有二十八岁，也算是年轻有为了。

王士俊：海阳荣成建县主导者

清雍正十二年（1734年），对于时任河东总督王士俊来说，只是一个平常的年份，但对于胶东半岛的海阳和荣成两县而言，却相当于“开天辟地”的一年。套用后人的话来说，就是：王士俊的一小步，海阳和荣成的一大步。

当年的年末，王士俊就山东省裁卫设县事宜，向清廷上了一道奏折。作为封疆大吏，写奏折是一种很日常的工作，这或许只是王士俊写过的成百上千道奏折中的普通一个；但对于胶东半岛的区划来说，却有着非同寻常的意义。

因为奏折中提到了这样一件事情：“大嵩、成山二卫，请改为二县。裁卫守备、教授各一员。设知县、典史、教谕各一员。”这段话的具体意思，相信熟悉胶东地名的朋友，一听就能明白，说得直白一点儿，这就是关于海阳和荣成建县的提议。当然，此时还没有定下新称呼，只能称作大嵩卫、成山卫。

卫所设立的本意，主要是军事功能，因此由兵部分管。王士俊的奏折上达之后，兵部经过研究讨论并报雍正帝之后，做出回复，同意王士俊的裁卫设县的建议。

过了一段时间，朝廷又专门下令，确定了两个新县的名字，以大嵩卫城为治所的新县定名“海阳”，以成山卫城为治所的新县定名“荣成”。自此，登州府辖区由一州七县变成一州九县，大体奠定了现代胶东区划的轮廓。

海阳和荣成建县，在不同的视角下，意义也不同。

对于清廷而言，新设立两个县，意味着王化之区增多，具有一定意义，但县的级别毕竟不高，因此《清实录》中虽然有记载，但并不详细。对于王士俊而言，这只是他几十年宦海生涯处理的一件不大不小的公务，因此《清史稿·王士俊传》对这件事情只字不提。而对于海阳和荣成两县来说，这自然是值得大书特书的事情，无论是清代的县志，还是后来的市志，都对此有详细的记载。

关于两个县建立的历史细节，在此暂且不谈，本文重点介绍的，是两县设立的主导人——王士俊的生平，这位对胶东区划产生重大影响的历史人物，到底是什么来头呢？

前文已经提到，王士俊在主导两县设立时的官衔是“河东总督”。在清代不同时期，河东总督的权责并不相同。在乾隆朝之后，河东总督主要是负责管理河道，基本不涉及地方民政事务。而在雍正时期，河东总督兼河南巡抚，不仅管辖河南一省，也可调度山东事务。

这一先例，是从雍正朝的重臣田文镜时开启，雍正六年（1728 年）五月，朝廷下发谕旨，以田文镜为河东总督，兼辖山东。上谕中明确说到：“著将田文镜、授为河东总督。管理二省事务。凡山东应行关会总督案件。俱照别省总督之例。定限办理。山东官吏、不得藉口有所稽迟。”

而田文镜在雍正十年（1732 年）卸任，接替他的人正是王士俊，这也是王士俊为何能够主导海阳、荣成建县的原因。

不过严格说起来，王士俊与田文镜之间还曾有过节。

王士俊，字灼三，贵州平越人。康熙六十年（1721年）考中进士，选为庶吉士。进入雍正朝之后，他外放到河南省担任知州。

庶吉士为翰林院出身，在科举时期算是最为“根正苗红”，而田文镜是监生出身，对科举入仕者带有偏见（电视剧《雍正王朝》中对此也有体现）。因此，王士俊在河南担任知州时，作为巡抚的田文镜看前者很不顺眼，“有意督过之”。幸好，河南省布政使杨文乾对王士俊青睐有加。杨文乾后来调任广东，将王士俊带走。而在广东任职期间，后者逐渐发迹，踏上了仕途的快车道。

雍正四年（1726年），王士俊成为道台；五年（1727年），署理布政使；六年（1728年），实授布政使；九年（1731年），升为湖北巡抚，在五年之内，一步一步成为封疆大吏。而一年之后，田文镜卸任，王士俊再次升迁，任河东总督兼河南巡抚。此后至乾隆即位之前，他始终在此任上。

一朝天子一朝臣，进入乾隆朝之后，王士俊圣眷衰驰，被调离河东总督任，短暂回朝担任兵部侍郎一职，后来又外放至四川任巡抚。此时，他在河南时“峻急开垦”的事情被人告发，朝议认为他与田文镜同属“酷吏”，治下之民深受其苦。王士俊急于辩解，被逮捕下狱，判处“（斩）监候”。乾隆二年（1737年），开恩释放，回归乡里，成为平民。乾隆二十一年（1756年）去世。

严格算起来，王士俊的仕途生涯比较短暂，从康熙六十年（1721年）到乾隆元年（1736年），只有十几年的时间。但就在这短短十几年内，他成为总督一级的方面大员，并且在不少县的历史上留下了浓墨重彩一笔，也算不虚此生了。

张树甲：大器晚成的文登解元

1852年，清咸丰二年。此前一年，洪秀全已经在广西举事。

但在咸丰二年（1852年）的秋天，北方的局势尚未受到影响。因此，当年的山东省乡试（秋试）仍正常在济南举行。在参加考试的各府州县的考生当中，有一位来自登州府文登县的“爷爷级”秀才，他的名字叫作“张树甲”。

张树甲生于1814年，在1852年的时候，应该是三十八周岁左右。不过，古人习惯说虚岁，因此在史料当中，常见的说法是“他已经四十岁了”（君年已四十矣）。按照一百五十多年前的社会标准来看，十几岁结婚生子者相当常见，如此计算，男子到了四十岁，的确已经是应该当爷爷的年纪了。

这位张树甲，是文登县汤村店子人（现威海市文登区张家产镇汤村店子村）。他成名之后，另外一位文登人毕瀚昭曾经为他作过传（《张农部传》），据传中记载，张树甲年少好学，很早就考中秀才，但考举人的时候却屡屡碰壁。

一年又一年过去了，张树甲从“小秀才”也逐渐变成了“老秀才”。对于大多数人来说，到了四十岁左右的年纪，还没考中举人，基本也就放弃了科举仕途的想法，老老实实在家里半耕半读，争取做个乡绅才是现实的举措。

但张树甲不这么想。咸丰二年（1852年），他又从文登赶赴济南。这段旅程如今坐动车需要四五个小时，走高速需要七八个小时，而在古代步行的话，恐怕要十天半个月。在长途跋涉之后，张树甲踏入了乡试的考场。

根据史料记载，清代山东乡试的录取名额在六七十名左右，而每次前来应考的，约有数千人，举人难考，也在情理之中。

当年的考试题目是什么，暂时没有见到详细的史料记载。但张树甲的发挥是相当棒的，放榜之后，张树甲高中举人且名列山东全省第一，即所谓“解元”。

考中举人之后就该考进士。次年，即咸丰三年（1853 年），就有会试。不过不知是未考还是没考上，总之，当科进士名单中，并无张树甲的名字。（那批进士当中，有后来担任山东巡抚的丁宝桢）

等待数年之后，在咸丰丙辰科进士考试当中，张树甲金榜题名（与给他作传的毕瀚昭同年中榜），就像现在游戏里的打怪一样，他终于在科举中通关了。

考中进士之后，张树甲被授予户部主事的官职，人称“张农部”。不过，他最出名的政绩，却并非是在户部取得。1860 年间，捻军进军胶东，登莱震动，不少县都办起团练，筑起围墙。当时，张树甲正好在原籍居住，他出面与文登官员士绅商议对策，决定以文登县和宁海州（牟平）之间的昆嵛山作为天然屏障，以此为依托，修筑石墙防守。

昆嵛山是胶东半岛的大山，从牟平到文登，仅有几处山口可以当作大路（比如文登到界石，莒格庄到葛家）行走。张树甲组织团练在山口凭险据守，捻军终不得过，文登、荣成两县免受战乱之苦，张树甲因此在乡间深获赞誉。

此后，张树甲返回京城，前后在户部累计任职二十多年的时间，成为部里业务精通的“老人”。后来，他年事渐高，就告老还乡，在1879年时去世。现在汤村店子村里，有一座清末修建的张氏宗祠，据说就是为了纪念这位解元而建。

孙葆田：《清史稿·循吏传》中的荣成人

太史公司马迁在《史记》当中创立了《循吏列传》，自此在古代正史当中，循吏就作为一个正面群体而出现。所谓循吏，取自“奉职循理，亦可以为治”的典故，用现代话来说，大致等同于好官。因此，能够列入《循吏传》，也是对一生的肯定。

查阅《清史稿》，在《循吏传》当中可以发现一位胶东人的身影，他的名字叫作“孙葆田”。

关于孙葆田的籍贯，《清史稿》只记载为山东荣成人。而《荣成市志》的记载更详：“埠柳镇不夜村人。”不夜村为荣成北部古村，相传为汉代不夜县治所。

与古代多数名人相似，孙葆田也自幼聪颖，饱读诗书。他在清同治十三年（1874年）考中进士，起初任刑部主事。后外放出京到安徽省宿松县任知县。在清代官场体系当中，知县虽然属于小官。但就一县来说，却也是威风赫赫的人物。但孙葆田毫无架子，不仅自己勤政爱民。他的妻子——知县夫人也带头纺纱。夫妻两个人的日子，过得相当清苦。

要成为“循吏”，除了保持清廉之外，还需要有担当、敢作为。孙葆田从宿松县调任合肥县之后，就遇到了棘手的案件。合肥是晚清重臣李鸿章的故乡（时有“宰相合肥天下瘦”之讽），与他沾亲带故的人自然就会横行乡里。其中有一个人“以逼债殴人死”，在当时的官场生态下，多数人都不敢或不愿严查。但孙葆田下令当众开棺验尸，史称“观者数万人”。在众目睽睽之下，孙葆田主持正义，判对方死罪。

对方虽然发动人脉寻求翻案，但因孙葆田的坚持及如山铁证，最终定案。不过，孙葆田也因此得罪了李氏一族，“遂自免归。”

经此一案，孙葆田名震天下。此后也不断有人或举荐、或邀请他重新出山，他都婉言拒绝。他虽然是荣成人，但归隐后长期寓居潍县。他的后半生，主要是潜心治学。据《荣成市志》记载，孙葆田著述颇丰，主要有：《校经室文集》《汉儒传经考》《孟子编略》《两传经考》等一百七十多部（篇）。而《清史稿》亦称：“学者奉（其）为大师。”既为循吏，又为大师，评价相当之高。

或许是寓居潍县的关系，孙葆田与祖籍潍县的河南巡抚于荫霖关系似乎不错。于荫霖去世之后，孙葆田执笔撰写了《河南巡抚吉林于公墓志铭》。

通过这篇墓志铭，不仅可以了解于荫霖的生平、感受孙葆田的文采，也会对胶东于姓的迁徙和闯关东的历史有直观印象。因为于荫霖出生在吉林，但却是闯关东的潍县于氏后人。而潍县于氏，又与文登于氏有渊源。

现摘录一段原文，以飨读者：“公讳荫霖，字次棠，又字樾亭。先世文登人，明初迁居潍县。公曾祖讳居安，当嘉庆时山东大饥，携家再迁至吉林之伯都讷厅，遂占籍焉。”

吴永：民国首任胶东道尹

民国前期设立的“胶东道”，是胶东半岛历史上一个行政区划的名称。虽然名字带有“胶东”两字，但实际上，它的范围远不止胶莱河以东的区域。它的前身，其实就是清代的“登莱青胶道”，包括登州、莱州、青州三府以及胶州直隶州，按照现在的区划概念，就是烟台、威海、青岛、潍坊的全部，以及淄博、日照、东营的一部，范围相当大。

道的最高长官，在清代为道台，在民国称道尹。胶东道的最高长官，自然就是胶东道尹。如今在胶东地区，还能看到一些与胶东道尹有关的文物古迹。

其中在烟台栖霞市观里镇的小观村，有一块“官民金鉴”的石碑，碑文的时间落款是民国七年（1918年），正文中提到，时任的胶东道尹叫作“吴永”。

笔者去参观这块石碑时，看到吴永这个名字，总感觉比较熟悉，但一时之间又想不起是哪位历史人物。后来查询史料才发现，原来这位民国时期的胶东道尹，其实就是清末有名的“怀来县令”吴永。

“怀来县令”吴永在史书中登场，是在清末的庚子事变期间。当时，八国联军攻入京城，慈禧太后携光绪皇帝仓皇出逃，一路上很是狼狈，行至怀来县得到知县吴永的接待，这才得以稍微安顿。《庚子国变记》记载称："太后易秦奎良轿行，暮至怀来，县令吴永供张甚备，左右皆有馈遗。"

上面这段话的叙述口气当中略带贬义，而《旧京琐记》中的记载则相对客观一些："（太后）乘破骡车以出。至怀来，县令吴永，固曾惠敏之婿也，奔迎于境。"

这段话不仅提及吴永接驾慈禧太后的事迹，而且还介绍了吴永的出身背景。曾惠敏，就是曾国藩的长子曾纪泽（谥号惠敏）。吴永是曾纪泽的女婿，也就是曾国藩的孙女婿。吴永自己的出身一般，能够踏入仕途，也的确得益于这段婚姻。他自己后来也承认："予初以先外舅曾惠敏公之汲引，得识合肥李文忠公，颇承器视。前清光绪二十一年（1895年），文忠奉命充全权大臣，办理日本换约事宜，予以直隶试用知县奉调充文案委员。"

不过，他后来能够从知县升至较高官位，主要还是靠自己的努力，尤其是接驾慈禧太后这段经历。

吴永因接驾而发迹，对此，不同的史料，叙述的口气亦不同。《庚子国变记》多少对官场持批判态度，称："永进衣裘，太后大喜，立擢永通永道。"

而后来吴永自己撰写的《庚子西狩丛谈》中，友人为他作序时写道："当是时（接驾时），吴公之名闻天下。既而太后嘉其行谊，命开缺以知府随扈督办行在粮台。日夕召见，骎骎且大用，众以封圻台辅目公矣。"意思就是，吴永雪中送炭，慈禧太后相当领情，很快就提拔他为知府官衔，随身办事。当时人们对吴永都相当看好，认为他未来肯定会出将入相。

然而，慈禧太后青睐吴永，但朝廷中枢的重臣对他却很不欣赏（或许是因为他并非进士出身，并且是因为擅长接待而得宠），因此他的仕途发展不如预期，有清一代，只做到了道台。

进入民国之后，吴永一度去职，但很快又回到了官场，民国二年（1913 年），他被任命为首任胶东道尹，出镇烟台。

实际上，胶东道尹一开始的名称是胶东观察使，当时省设置巡按使，道设观察使，后来才改称为道尹。由于烟台属于对外通商口岸，有时会有对外交涉事务，因此胶东道尹也同时兼任烟台交涉员。

作为首任胶东道尹，吴永任职的时间相当长，之前提到栖霞小观村的石碑是民国七年（1918 年）树立，当时距离他就任已经过了五年时间。

吴永到底当了多长时间的胶东道尹，在《掖县志》当中有记载。掖县曾经长期是登莱青道的驻地（烟台开埠后才迁走），因此对登莱青道以及后来的胶东道长官任职信息记录较全。根据记载，吴永在民国二年（1319 年）就任胶东道尹（观察使），民国十年（1921 年）去职，前后约九年时间。

如果翻阅当时的报纸和历史档案，可以发现不少吴永以胶东道尹兼烟台交涉员名义发布的电文。其中，中日二十一条交涉时，吴永曾向京师发送了这样一条电文：“顷据大连探报，日军有一师团在大连登岸，谨闻。吴永叩，敬。”这或多或少能够说明，吴永在任期间，还是比较尽职尽责的。

三、姓氏

莱姓与莱子国

“莱”这个姓氏，颇为稀少，宋代《百家姓》就没有提及，如今更是难得一见。但根据史料记载，在历史上的确存在“莱”姓。通常认为，这个姓氏与胶东半岛古代的莱子国有关。

莱子国是商代至春秋时期的一个诸侯国的名称，在《左传》和《史记》当中多次提及。如今胶东半岛很多县市区的名称，也与此有关。

根据《史记》的记载，莱子国最盛时，不仅占有胶东半岛大部，并且一度欲与齐国争夺山东中部区域。

齐国北有燕、西有晋、南有鲁，都属于中原诸侯体系，在“尊王攘夷”的名分束缚下，难有施展空间。而东面的莱国，是商代就立国的诸侯，常被视为“莱夷”。因此，进入春秋时期之后，齐国逐渐把东莱作为兼并扩张的主要方向。经过数代的征伐，最终灭掉莱国，将之迁徙他地。

莱姓出现，在莱国灭亡之后。关于莱姓与莱子国之间的关系，《古今图书集成》中记载道：“莱氏，子爵，其俗夷，故亦谓之莱夷。今登州黄县东南二十五里，有故黄城，是莱子国。襄六年（前 570 年），齐灭之，子孙以国为氏。”这里说的襄六年（前 570 年），指的是鲁襄公六年（前 570 年），当时在位的齐君是齐灵公。而带兵攻灭莱国的大将，就是晏婴的父亲晏弱。

而《路史》记载的细节更多一些，史载：“及齐复入莱，共工浮柔奔棠，晏弱迁之郳。有莱氏、郲氏、浮莱氏、浮氏。”意思是说：莱氏、郲氏、浮莱氏、浮氏都源自莱国。

国灭之后以故国为氏的情况，在春秋时期较为常见。在《左传》当中，提到了“晋国大夫莱驹、齐国大夫莱章”。其中，莱章出场是在鲁哀公二十四年（前 471 年），晚于鲁襄公，时间上能够对应。

除了莱驹和莱章之外，史料中再难看到其他的莱姓人，这是什么原因呢？姓氏研究者大多认为，莱姓后来去掉草字头，改为“来”姓。“来”姓虽然也不多见，但规模至少比“莱”姓要大很多。浙江萧山的一支来姓人就比较有名。

值得一提的是，在山东邹城，清代曾出土过一个《莱子侯刻石》（在考古界和书法界都很有名），上面写道：“始建国天凤三年（16 年）二月十三日，莱子侯为支人为封，使偖子良等用百余人，后子孙毋坏败。”

关于这段话中的莱子侯，虽然大多数人认为是“爵位”或者“代称”，但也有观点认为可能是姓“莱”名子侯。到底如何解释？因为没有更多的史料佐证，只能见仁见智了。

以“弱”为名的齐国大夫

春秋时期有很多让后人听起来感到奇特的人名，《左传》《东周列国志》，比如齐桓公名为小白，晋成公名为黑臀。当然，奇特的名字，不仅国君独有，很多大夫也同样如此。在齐国，就有三位大夫，起名的时候都带有一个“弱”字。

按照现代人的眼光来看，“弱”是一个典型的贬义词，取名的时候尤其要避开，因此现在叫“某强”的人很多，但叫“某弱”的人几乎看不到。

不过，在春秋时期的齐国，就有晏弱、高弱、国弱三位大夫。他们虽然以“弱”为名，但实力却都比较强。

其中，晏弱（谥号晏桓子）应该是三个“弱”大夫当中名气最大的一位，他的儿子就是齐国名臣晏婴。《史记》在介绍晏婴时，将他与辅佐齐桓公称霸的管仲列在一起，合称管晏。

晏婴以文治闻名，而他的父亲晏弱则以武功见长。晏弱最知名的武功，就是率领齐军攻灭莱国，使得齐国的统治区域扩展到胶东半岛。

在齐国三个“弱”大夫中，晏弱不仅名气最大，出场时间也是最早的。早在齐顷公时期，他就曾与另一位齐国重臣高固一起出使。而高固在齐国高氏家族中的辈分，要比高弱大很多。

单论出身的话，高弱其实比晏弱并不差。高氏和国氏很早就是齐国的世袭上卿（高氏出自齐国的公子高），而晏氏只是姜齐中期崛起的家族。不过，高弱生不逢时，他在《左传》中出场的时候，齐国遭逢变乱，高氏也深受影响。

根据记载，当时有人向齐灵公诬陷高氏，大臣高无咎被放逐，高弱在卢邑举兵反叛（关于高无咎和高弱，王阁森主编的《齐国史》记载为父子关系）。后来齐国派军围攻，卢邑投降，高弱此后的事迹未见详细记载，应非善终。但高氏毕竟是齐国公族，高弱之后，仍有其他人继承高氏卿位，一直到田氏代齐。

在高氏受到打击不久之后，另外一个世卿国氏也遭遇变故。齐灵公下令诛杀大夫国佐和他的儿子国胜，同样出身国氏的国弱则逃到鲁国。但国氏毕竟树大根深，不久之后，齐侯允许国弱返回，并继承了国氏原有的爵位。国弱应该是善终收场，谥号国景子。

以上三位齐国大夫，为何都以“弱”为名，这一点已经难以考证。从《说文解字》的解释来看，“弱”的古今含义并无太大区别，都有柔软短小之意。根据史料记载，晏婴的身高很矮，从此推测他的父亲晏弱应该也不是高大之人。或许弱这个字，就是形容他的身材。晏弱，名弱而人强，高、国两家以此作为后辈的名字，可能有仿效前贤的意思吧。

即墨邑与即墨氏

提到“即墨”这两个字，多数人第一时间想到的都是地名。而实际上，“即墨”不仅是一个地名，还是一个姓氏。只不过，作为后者，即墨姓的人相当少见，因此鲜为外界所知。

在《汉书·儒林传》中，有这样一段记载：“齐即墨成，至城阳相。”儒林传主要是记载儒学人士的事迹，这句话的意思是，齐地有个叫作“即墨成”的人，学而优则仕，官至城阳国的国相。类似的记载，《史记》中也曾提及，这位“即墨成”擅长的是四书五经中的“易学”。

即墨成这个姓名，哪个是姓？哪个是名？对此，唐代的颜师古在给《汉书》做注解时写道：“姓即墨，名成。”也就是说，在汉代就有姓“即墨”的人。

如今，姓氏混为一谈。而在秦汉之前，姓氏有明确区别。严格来说，“即墨”属于氏而非姓。在当时，以封地采邑为氏，是比较流行的方式。例如，姜姓齐国一支人封到卢地，即为卢氏；封到崔邑，就形成崔氏。

以此类推，“即墨氏”就是因为以即墨为封邑而来。那么，当初又是哪一支人封到了即墨呢？

根据《通志》的记载，即墨氏是齐国名将田单的后人，志称：“齐将田单守即墨，支孙氏焉。”

田单，是众所周知的历史名人，他在齐国生死存亡之际，力挽狂澜，在即墨以火牛阵击败燕军，实现复国。

根据史记的记载，田单后来被封为安平君，安平在齐国都城临淄附近，似乎并非以即墨为封地。

细品《通志》的说法，是田单支孙以即墨为氏，意思应该是田单后裔中的嫡系仍以安平为封地，以田为氏。而旁支子孙，为纪念祖上的功绩，就以“即墨”为氏。

《通志》认为即墨氏是田单之后，但有的姓氏研究史料则有不同的观点。明伦汇编氏族典称：“即墨氏，齐邑。汉儒林传即墨成齐人，战国策即墨大夫，见齐王建。”这段话虽然没有明说即墨姓的来源，但实际上已经有所暗示，相比于田单，齐国的即墨大夫更有可能是即墨氏的始祖。唐代人写的《即墨侯传》中就提到：“即墨侯松，齐人也，其先盖即墨大夫，以治行见知威王，既卒官，子孙因号即墨氏。”

在战国时期，即墨（故城在现青岛平度市境内）是齐国的五都之一，属于重镇，而以即墨为封邑的大夫，地位自然也比较高。齐国史料当中，至少三次提到了即墨大夫，一次是齐威王时期，一次是齐湣王时期，一次是齐王建时期。值得一提的是，这三次出场，即墨大夫都是以正面形象出现，或为能吏，或为义士，或为忠臣。

齐国是秦始皇统一过程中最后一个灭掉的国家。史载，在齐王建投降之际，时任即墨大夫曾劝他死战，但齐王没有采纳他的建议。齐国灭亡之后，即墨大夫自然也失去封地。按照古代的传统，其后世子孙也有可能就是在此后以祖先封地作为姓氏。

但不管是田单还是即墨大夫，都属于田齐宗氏，因此将即墨氏看作田氏的分支，应该没有太大的争议。以地为氏的话，在古代的聚居地应该也是在即墨故城附近。

不过，从唐代之后，即墨姓的人就鲜有记载，推测可能是简化或者改姓。如今，这已经是一个相当罕见的姓氏了。

即墨皋虞与琅琊王氏

乘坐青岛地铁 11 号线，自西向东出发，过了即墨的温泉东站之后，接下来就会到达一个叫作“皋虞”的站点。

皋虞，如今只是青岛市即墨区温泉街道境内的一个社区；但通过它相对复杂的名字就不难猜测出，这里应该是一个很有底蕴的地方。

查询史料和即墨地名资料，可以得到肯定的答案，皋虞这个名字，能追溯到秦汉时期，距今已经有两千多年的历史。在汉代，皋虞是一个县级区划的名称，有位汉室宗亲在此封侯。

《汉书》记载：“汉武帝元封元年（106 年）五月，封胶东康王子建为皋虞侯。”《太平寰宇记》亦载：“皋虞故城，在

（即墨）县东北五十里。元封元年（前110年），封胶东康王子建为皋虞侯。子孙相承六代，莽篡，改为盈庐。”而皋虞侯的封地皋虞县，故址就在现在的皋虞村一带。

不过，在西汉时期，皋虞侯虽然系出胶东王，但皋虞县却不属于胶东国管辖。根据《汉书·地理志》记载，皋虞，侯国，属琅琊郡。

对姓氏文化比较了解的朋友，听到琅琊郡这个名字，自然就会联想到魏晋南北朝时期的名门望族——琅琊王氏。而追溯历史，琅琊王氏也的确与皋虞有渊源。

南北朝时期的《昭明文选》对此有简要的记载：“琅琊王氏之先，出自周王子晋。秦有王翦、王离，世为名将……秦迁于琅邪之皋虞，后徙于临沂。”也就是说，琅琊王氏最早定居在皋虞，迁到临沂是后来的事情了。

在琅琊王氏当中，有正史可询的在定居皋虞第一人，名字叫作“王吉”。

王吉在《汉书》中有传，史载：“王吉字子阳，琅邪皋虞人也。”与两汉之际很多名人类似，王吉以经学起家，以孝廉入仕，历任县令、昌邑国中尉。

在中尉任上，王吉多次向昌邑王刘贺进谏，刘贺虽然不能采纳，但也对王吉的忠贞赞赏有加。汉昭帝驾崩后，昌邑王即位二十多天就因为举止不端被废。朝廷认为，昌邑王荒诞，国中群臣也有责任，于是“皆下狱诛”，好在王吉平时有进谏之举，免去死罪，“髡为城旦”（古代的一种徒刑）。

汉宣帝时期，王吉得以起复，先后担任益州刺史、博士、谏大夫。在职期间，屡有忠言进谏。时间一久，汉宣帝认为他有些迂腐。王吉见状，就称病辞官，回到皋虞故乡。等到汉元帝即位时，想重新征召王吉，不过他年事已高，在途中病逝。如今在即墨皋虞社区周边的田野上，还有文物部门立的一块石碑，上面写的是“王吉墓群”。

琅琊王氏是否在王吉一代从皋虞迁出？多数史料持肯定观点。山东省二十世纪末修撰的《王羲之志》，就称："王吉自琅邪皋虞迁居同郡的临沂都乡南仁里，其后代从此自称琅邪临沂人。"

此后，王吉的儿子王骏、孙子王崇也都在朝为官，琅琊王氏作为汉代经学名家的地位就此奠定。

新莽时期，皋虞更名，后来被废，并入了不其县境内。但皋虞故城在历史上仍长期存在，《太平寰宇记》记录的是宋代地理，当时皋虞故城尚在；而清代编著的《读史方舆纪要》也记载说："皋虞城，在县东五十里……今为皋虞社。"也就是说，皋虞县虽然被撤销，但这里也仍然算是十里八乡的一个中心聚落。在二十世纪八十年代之前，这里还曾经是皋虞公社驻地，后来才改称温泉镇（街道办事处）。

皋虞故城旧址建立的东西皋虞村，是什么时间出现的？民间说法不一，有的说法是部分姓氏世居于此，也有的说法是，明清之际才陆续有其他姓氏迁入。

太史慈与东莱太史氏

位于胶东半岛北部的黄县（烟台龙口市），历史相当悠久。

历史悠久的体现之一，就是当地姓氏的源远流长。胶东其他县市的姓氏，大多相传是明初迁来，不过数百年历史，而黄县境内有些姓氏，可追溯至秦汉乃至战国，可逾两千年时间，并且最具代表性的两个姓氏，还都是复姓。

淳于和太史，是黄县境内两个古老的复姓，至今仍有分布。淳于氏的名人，是战国时的淳于髡，太史氏的名人，是东汉末的太史慈。

关于淳于髡的具体籍贯，《史记》其实没有明言，学界或许还有不同说法。但太史慈的出生地，就没有太大的争议，《三国志》的记载相当明确："太史慈，字子义，东莱黄人也。"

实际上，因为去世较早（赤壁大战之前），太史慈在《三国演义》当中的戏份并不多，他出场较晚，退场很早，除了与孙策的交集之外，他大部分的人生细节都不为外人所知。太史慈的家世如何？为何从胶东去往江南发展？后人分布在哪里？本文就在史料的基础上，简要介绍一番。

一、家世

"在齐太史简，在晋董狐笔。"正如文天祥的《正气歌》所言，太史这个姓氏，来源于古代的官职名称"太史"。

齐国太史秉笔直书的历史，发生于春秋"崔杼弑君"时期。当时齐国国君为姜姓，从古代的礼法制度来推测，齐国太史出身姜姓公族大夫的可能较大。

一朝国君一朝臣，田氏代齐之后，原来世袭齐国太史一职的太史家族，应该也受到波及。战国时期提及齐国的太史氏，出场地点已经从国都临淄转到了莒城。

齐湣王的儿子田法章流落到莒城，与居住在此的太史敫之女结缘，后者就是历史上有名的"君王后"。

虽然太史敫对这门亲事并不满意，但在女儿成为"君王后"之后，太史氏与齐国王族田氏之间，毕竟已经产生了密切的联系。而秦汉之际，齐国多次被外敌入侵，田氏一族命途多舛，据此推断，太史氏很有可能是在这一背景下，为了躲避战乱，选择向当时位置偏僻的胶东半岛迁徙，在黄县定居。

经过两汉期间的发展，太史氏应该在黄县已有较大影响力。太史慈之前，黄县太史氏虽然没有名人见于史籍，但从《三国志·太史慈传》的记载来看，他“少好学，仕郡奏曹史”，这应该是地方世家大族才会有的待遇。

不过，太史慈传中多次提到他的母亲，而没有介绍他的父亲，由此推断，太史氏总体的地位也不算太显赫。

二、从胶东到江南

“自非北海孔文举，谁识东莱太史慈。”这是数百年之后，北宋时期曾任登州刺史的苏轼写下的一句诗，诗中描述的就是太史慈从一位胶东子弟成为国内名将的转折点——北海救孔融。

根据《三国志》的记载，太史慈年轻时，东汉局势还未大乱，因此他的勇猛暂时无用武之地，只是普通的郡县小吏。虽然在州郡的奏章之争当中，他表现出机敏干练的办事风格，但也因此得罪上峰，只能一度到辽东避难。直到汉末黄巾之乱时，他才在北海救孔融时展露军事本领。

北海之战结束后，太史慈南下投奔刘繇。这是因为当时刘繇担任扬州刺史，而他的籍贯为东莱郡牟平县，与太史慈同是胶东老乡。或许一开始前去的时候，太史慈并未打算扎根江南，但风云际会，此后天下三分，他投入东吴阵营，自此未能北归。

孙策击败刘繇之后，太史慈成为其麾下大将，两人之间的故事在《三国演义》当中演绎得相当精彩，在此不再赘述。而孙权统事之后，“以慈能制磐，遂委南方之事”，对太史慈也是颇为信任。

当时，东吴统治的核心区域在江表（沿江）及三吴区域，而江南广阔的丘陵地区（现在江西和浙江交界处的山区）其实尚未归心。太史慈的主要任务，就是平定这些地方，他的表现也相当称职。以至于北方的曹操能听说他的事迹，给他写信，但太史慈为示忠于东吴，并未理睬。

三、后裔分布

根据三国志的记载，太史慈卒于建安十一年（206年），年四十一岁。关于他的安葬地点，史料中有不少说法，有乌程县说，有奉新县说，但可以肯定的是，他并未归葬胶东。

在太史慈去世之后，孙权追念他的功绩，提拔他的儿子太史亨（有的史料写作太史享）入仕，官至越骑校尉。

在后世编撰的《姑苏志》当中，也提到太史亨其人。志称："太史亨，字元复，东莱黄人，建昌都尉慈之子，历官尚书、吴郡太守、越骑校尉。"

值得一提的是，太史亨的主要人生经历都在江南度过（甚至很有可能就出生在江南，没有到过胶东），但史料在记载他的籍贯时，仍称他是东莱黄县人。

在太史亨之后，江南这支太史后裔长期不见于史籍，等到下次出现的时候，是在南北朝时期。在《梁书》中有太史叔明传，记载称："太史叔明，吴兴乌程人，吴太史慈后也。"从汉末建安年间的，到南朝梁时期，经过了大约三百年时间，按照一百年四代人计算，太史叔明与太史慈之间可能相差了至少十代人。

从上述记载还可以判断出的一点，就是太史慈的直系后人应该世居吴兴乌程（浙江湖州一带）。魏晋南北朝时期，很讲究门第出身，吴兴当地有名的士族，就是吴兴沈氏。而在史料当中，还可以找到出身吴兴沈氏的沈文阿称呼太史叔明为"祖舅"的信息，说明太史氏与吴兴沈氏之间互为姻亲。当时的人很讲究门当户对，这也从侧面证实乌程太史氏，也算是当地的世家大族了。

四、黄县太史姓与太史慈的关系

综合史料记载来看，太史慈的直系后裔应该主要分布在江南，原籍所在的黄县太史族人，只是他的同宗，但也不能完全排除有直系分支留在故乡的可能性。

民国版《黄县志》也曾讨论过当地太史姓与太史慈之间的关系，但因为缺乏史料记载，也难以下肯定结论。不过，黄县民间对此却大多持肯定观点，认为现今黄县境内的太史姓，也是太史慈的后人。

二十世纪九十年代修撰的《龙口市志》就引述了这种观点，称："太史姓，系土著，三国吴太史慈的后裔。散居羊沟营、南枣市、战家夼、南乡城、东营史家、王马史家、庵儿夼等村。"

其中，羊沟营村是名气最大的一个，前几年该村新立了一块石碑，上面的文字介绍就提到了太史慈故里。该村现在姓氏种类较多，虽然仍有太史姓，但户数不算太多。

在历史上的闯关东大潮中，黄县太史氏亦有族人渡海北上，定居在现吉林省梨树县境内。《梨树县乡土志》载："太史氏，山东望族也……其祖由山东迁居治东小泉眼。"这支关外的太史氏后人，在清末科甲鼎盛，是梨树县当时一大世家。

首任登州刺史淳于难与黄县淳于氏

登州首次出现在历史舞台，是在唐初。它的由来，与一位复姓淳于的人物密切相关。

清代《登州府志》中记载:“(唐)武德四年(621年),(淳于难)归附,拜登州刺史。”又据《文登县志》,“武德四年(621年)置登州,以难为刺史。”也就是说,这位“淳于难”是历史上的首任登州刺史。

关于淳于难的生平,史料提及不多,《山东通志》的记载相对较详。该志称:“淳于难,黄县人,髡之后。隋末,四方盗起,难与弟朗,聚众保障登莱,民赖以安。武德中,拜登州刺史,封晋国公;朗,莱州刺史,封燕国公。”

这段话的大意是,淳于难为黄县人,是战国名人淳于髡的后代。隋朝末年,天下大乱,淳于难与其弟弟淳于朗保境安民,使胶东地区不受涂炭。武德年间,淳于难被任命为登州刺史,封晋国公;他的弟弟淳于朗,被任命为莱州刺史,封燕国公。以上记叙当中,保障登莱、归附唐朝、任登州刺史等事迹,在《新唐书》《资治通鉴》等史籍当中亦有记载。

在胶东地区,淳于姓为黄县土著,这一点并无疑问。最早见诸史籍者,为战国时齐国游说家淳于髡。时至今日,黄县(龙口)境内仍有淳于姓人。关于淳于髡与黄县之间的关系,民国版《黄县志》称:“史记滑稽列传,淳于髡,齐之赘婿也,未言为黄人,而县旧志、府志、山东通志俱以为黄人。”也就是说,虽然年代久远、谱系难查,但观点普遍认为黄县淳于氏为战国淳于髡之后。

宋代之前,世人颇重门第,有所谓世家大族之称。不过,当时影响力强的世家大族,多出自中原地区。而胶东偏居一隅,并没有同级别的大家族。淳于氏久居黄县,虽然在全国舞台上声名不显,但在当地应该颇有影响力。隋末唐初,淳于难兄弟之所以能割据胶东,也不能说与此无关。

隋朝末年,炀帝失道,天下大乱,群雄四起。按照说书人的说法,当时有“十八路反王,六十四路烟尘”。所谓“十八路反王”，指的是曾称王称帝的那一拨人，如“刘武周起马邑，林士弘起豫章，刘元进起晋安，皆称皇帝”，又如“薛举起金城，号西秦霸王；郭子和起榆林，号永乐王；窦建德起河间，号长乐王”。淳于难的级别，还达不到“反王”，只能算是一路“烟尘”。《新唐书》载：“綦公顺据青、莱，淳于难据文登。”仅是割据一方，并未称帝称王。

上述记载，算是淳于难在正史当中的首次出场，时间是在隋炀帝大业十三年（617年）。当时，他在文登已成气候。推断的话，起兵的时间应该更早一些，颇有可能在大业九年（613年）、十年（614年）左右。大业九年（613年），隋炀帝再次征讨高丽，民不堪命；再加上杨玄感之乱，地方更是逐渐瓦解。就是在大业九年（613年），孟让、王薄等人先后起兵，互相攻略，史称“山东苦之”。淳于难颇有可能在此时拉起队伍，割据胶东。

或许有人会存此疑问：淳于难是黄县人，为何在文登割据？笔者推测，这或许与地形有关。黄县邻近掖县，且无险可守，容易受到西部势力的侵扰。而文登有昆嵛山这道天然屏障，在当时是比较理想的偏安场所。

淳于难第二次在正史中出场，是唐武德四年（621年）九月，即归顺唐朝之时。他之所以在此时归顺唐朝，很有可能与窦建德败亡有关。当年四月，秦王李世民大发神威，在虎牢关一举击败并生擒窦建德。窦建德兵强马壮，割据河朔，号称夏王，在群雄当中很有号召力。他的败亡，对尚未归附唐朝的地方势力应该很有震慑效果。半年之后，消息传到胶东，于是，淳于难归降。

关于淳于难归降的描述，正史与地方志中的记载颇有出入。地方志如《山东通志》《登州府志》《文登县志》都将淳于难视作历史名人，记叙之中多有褒美之词，如“保境安民”

之语。而《资治通鉴》中的记载非常直白："文登贼帅淳于难请降；置登州，以难为刺史。"在归降之前，称之为贼，可见淳于难在唐朝眼中的真实地位。另外，从贼这个字眼，也能看出，淳于难在隋朝时，并无功名，应该是草莽出身。

在《山东通志》中，记载有淳于难被封为国公的事迹。然此事在《新唐书》和《资治通鉴》中都无提及。查询史料，李世民身边的红人如尉迟敬德、秦叔宝、程知节（程咬金）等，立有大功，爵位也不过封国公。淳于难的分量，恐不能与上述诸人相提并论。当然，考虑到唐朝统一之初，对地方势力采取的羁縻怀柔政策，封个国公的虚号，亦非不可能，如实力强大的杜伏威甚至曾被封为吴王。

除了封国公的细节之外，淳于难与淳于朗的地位也有疑点。根据记载，淳于难被封为登州刺史，而他的弟弟被封为莱州刺史。在唐初，就人口与富庶程度而言，莱州要胜于登州，以兄为小州，而以弟为大州，不知为何。且淳于朗为莱州刺史之事，正史也未提及。

第二次出场之后，淳于难的事迹在正史当中就无记载，因此他的结局也并不清晰。从史料来看，登州在唐初设立，不久就废掉，后来到了武则天时期才又恢复。《登州府志》记载，贞观元年（627年），登州废。从时间来看，武德四年（621年）到贞观元年（627年），前后不过五年的时间。登州被废，登州刺史自然也无存在之理。也就是说，淳于难即便一直担任登州刺史，也最多只当了五年的时间。

在《山左金石志》当中，收录有《唐故登州刺史淳于公神道碑》，虽然阙文较多，但莱州刺史、燕国公、晋公等字样可见，似为描述淳于难、淳于朗兄弟之功德。清《山东通志》称：五代时裔孙淳于晏所撰。

淳于晏在《新五代史·霍彦威传》中有提及："彦威客有淳

于晏者，登州人也，少举明经及第，遭世乱，依彦威。”从籍贯来看，也应属黄县淳于氏。

值得一提的是，在唐宪宗时期，朝廷曾下诏姓淳于者改姓于。《唐会要》称：“淳于姓改为于。以音与宪宗名同也。”而从五代时淳于晏的例子来看，黄县淳于氏要么没有更名，要么唐亡之后就恢复旧姓了。

唐代日僧笔下的胶东土著

按照史料、族谱和民间传说的说法，如今的胶东人，大多是从明初移民的后代，祖先或从“云南”，或从“小云南”，或从四川，或从“大槐树”迁来。那么，明代之前，唐宋时期，胶东地区有哪些土著姓氏呢？

关于这一情况，并没有专门的资料记载，后人只能根据散落在各种史籍中的信息进行推断。胶东地区一些历史比较久远的县，如蓬莱、莱阳、文登等地的县志当中，都有唐代当地人物的记载。例如，《莱阳县志》就列出“唐宋故家”，明确记载院西谭氏、埠前张氏以及赵、孙等姓，为唐宋时期就已定居莱阳（当时称昌阳）的土著姓氏。

除了县志之外，一些其他史料，甚至是外国人撰写的史料中，也可以找到与胶东姓氏有关的信息，唐代日本僧人圆仁的著述《入唐求法巡礼行记》就是其中之一。

众所周知，唐朝国力强盛、文化发达，日本多次派遣使团前来学习。唐文宗开成年间，日本僧人圆仁随使团来到扬州，此后数年他留在中国境内学习佛法，从扬州去往五台山的路上，他曾经过胶东半岛，在笔下记录了当时胶东地区的风土人情，姓氏就是其中之一。

圆仁一行驶走水路北上，在乳山附近开始靠近胶东半岛岸边，出现在他笔下的第一个姓氏是王姓，如“五月一日，遣买过海粮于村勾当王训之家”。这里提到的村是乳山南岸的邵村（现在不是此名），勾当是古代职务名称，类似于管事，邵村的管事叫作“王训”。他在书中出现次数不少，但王这个姓氏太过普遍，难以详细考证。现如今乳山南部如夏村一带的王姓，大多相传与莱阳蚬子湾有关。而莱阳蚬子湾王姓是宋代才与胶东产生联系，因此与书中记载的王训，应无关联。

圆仁离开乳山之后，沿着胶东半岛南海岸向东行驶，来到了现在荣成石岛附近的赤山（当时属于文登县清宁乡赤山村）。胶东于姓祖赤山（斥山），根据族谱的说法，胶东有名的大水泊于姓和司马庄于姓都是从赤山迁出。如果此说确然，在唐代中后期，赤山应该就有不少于姓人。不过，在圆仁的笔下，赤山一带有不少新罗侨民（十一月一日，从新罗人王长文请，到彼宅里吃斋），而于姓并未提及。

第二年开春，圆仁离开赤山，动身北行，他们在去往文登县城的路上，路过一个叫作“望海村”的地方。现在文登高村镇境内，还有三个名带“望海”前缀的村庄，分别是望海倪家、望海曲家和望海初家。由此可知，这里在唐代，就有王姓人居住。

离开文登之后，圆仁向牟平进发，中间经过龙泉。在牟平县城东郊外七里，有个叫作“耷车”的村庄，圆仁一行在村内宋日成的家中吃斋。如今胶东宋氏在联宗之后大多尊奉元代文登宋村之宋信为始祖。而由此可见，唐代牟平就有宋姓人，但如今畚车这个村庄已经难寻踪迹，不知此处的宋姓人是否延续了下来。

离开牟平，继续向西出发，他们陆续经过芝阳、牟城等村。现福山境内有芝阳，而牟城村疑为牟子国遗址所在的三十里堡村。圆仁记载说，牟城村当时有高姓人，名叫高安。而现如今胶东地区的高姓，大多相传是元明之际从云南或者小云南迁来，实际上并不尽然，唐代渤海高氏在北方分布较广，不排除有的分支延续至今，可惜年代久远，难以考证了。

此后，他们在途中与孙花茂、庭彦打过交道。现在的福山孙姓本就相传是胶东土著，相传唐初八兄弟从辽东渡海而来，由此观之，似乎较为可信。而庭彦的庭姓有些罕见，有的文献说是迟姓之误写。姓氏先不说，这个庭彦是蓬莱县安香村人，可见安香这个地名由来已久了。

到达登州城之后，圆仁花费了一些时日办理通关文牒等手续，而后继续前行，“开成五年（840年）三月十二日，到王徐村羡庆宅断中，”而后，“到黄县界九里战村少允宅宿。”

以上两个人，羡庆和少允应该不是“羡姓”和“少姓”，而是因为跟村名相同而省略。即羡庆很有可能姓王，而少允多半是姓战。

如今在胶东地区，莱阳战姓较多，而龙口、蓬莱、栖霞等地也有分布。根据莱阳战姓族谱记载，当地战姓是从登州迁来。结合圆仁的记载来推断，战姓似乎也是胶东土著，唐代已有。

此后，在黄县去往掖县（招远当时还是掖县一部分）的路上，圆仁又与徐宋村的姜平，乔村的王姓，牟徐村的程姓打过交道。其中，姜姓也是胶东有名的土著姓氏之一。

在掖县和胶水县（平度）境内，他笔下记载了潘村潘姓（西距莱州城约十五里左右）以及胶水县三埠村的刘姓，如今两地的姓氏，大多相传是明洪武二年（1369年）从四川迁来，不知此两姓是否还有分支延续。

离开登州大约一周之后，圆仁在平度境内渡过胶莱河口，到达青州北海县界田庄卜家吃中饭，现在潍坊昌邑市有个卜庄镇（平度境内有个田庄镇，但在胶莱河东岸），根据地名资料记载，卜庄的卜是占卜的意思，但从圆仁的经历来看，或许与卜姓有关吧。

东莱宫氏始祖宫熙儒官职考略

宫姓，是胶东半岛一个常见的姓氏，渊源不尽相同，其中以东莱宫氏较为有名。

所谓东莱宫氏，就是《东莱宫氏族谱》中记载的一支宫姓人。这支宫姓人源于文登，兴于莱阳，后裔广泛分布在文登、莱阳、乳山、栖霞、即墨、蓬莱等地，他们的始祖名为宫熙儒。

根据族谱记载，宫熙儒是五代、北宋时期的人物，曾在后周担任“元州防御使”。北宋建立之后，宫熙儒不愿“事二主”，很快辞官归隐，迁居到胶东半岛的昆嵛山麓，就是后来文登的柳林庄村。柳林庄村因此被视为东莱宫氏的祖居地，前几年，宫氏后人还在村外立碑纪念。

因为资料相对有限，这份难得的《宫氏族谱》（烟台图书馆曾展览过）就成为后人研究东莱宫姓历史的重要文献参考。

很长时间以来，族谱记载的内容，大家普遍持相信态度。

笔者初次看到族谱记载，也信之不疑。但多次细品，隐约感觉有些地方值得商榷。尤其是“元州防御使”这个职位，颇感突兀。

防御使，是从唐代到宋代之间比较常见的官职，本身并无疑问。《旧唐书》载：“防御、团练使。至德后，中原置节度使。又大郡要害之地，置防御使，以治军事，刺史兼之，不赐旌节。”

一般来说，防御使的职权大致相当于州的刺史，只不过加此头衔的州通常为大州，进一步提拔为观察使、节度使（管辖数州）的概率也比较大，也算地方上的要职。这个职位的全称就是地名加官职，即某某州防御使。

按照族谱的记载，宫熙儒为“元州防御使”，也就是说，他是在“元州”这个地方担任防御使的。

在查询史料，唐代中后期一直到宋代，并没有一个叫作“元州”的地方。《宋会要辑稿》就明确记载：“宋无元州”。唐代史料中虽然记载了一个元州（在渔阳，河北幽州一带），但在唐初设立，很快就裁撤，并没有延续至宋代。

那么，这个“元州防御使”，指的到底是哪里的官职呢？按说族谱的记载，不会无缘无故。因此，笔者推测，这里的“元州”，应该是古文中的通假字。

在史料当中，元州通常容易与两个地名混淆，一个是原州，一个是沅州。

唐宋之际，原州在西北，《旧唐书》载：“原州，中都督府，隋平凉郡。武德元年（618 年），置原州。”在古文当中，原与元互用的现象比较常见。而在宋初，亦有人以“原州防御使”的身份见于史料记载。如：“（宋太祖）开宝二年（969 年），以房州防御使王彦升为原州防御使。”

沅州则在湖南。《宋会要辑稿》记载有知沅州秦杲，不过在下面加注：原作“元州”，按宋无元州，且下文所述三县皆属沅州，因改。

如果说宫熙儒的“元州防御使”，是因为通假字而来，那么就时间和地理方位来判断，原州的可能性更大。因为后周时期最大的统治范围以江淮为界，沅州在湖南，属于马氏楚国的地界。宫熙儒在后周为官，显然不太可能是沅州的防御使。

当然，以上只是推测。真实历史如何？还需要进一步考证。实际上，族谱中提到的官职和人物，在正史中查不到结果，这并非东莱宫氏独有的现象。胶东宋氏尊奉的始祖宋信，在族谱记载中曾在元代官至丞相（元代可以泛称丞相的职位很多，中枢有丞相，行中书省亦有丞相），在县志中也记载为般阳路总管，但在元史中均无提及，查证起来，也非易事。

宋代望族之东莱吕氏

莱州市，旧称掖县，很早就是胶东半岛的区域中心之一，汉代为东莱郡治所，明清为莱州府驻地，底蕴相当深厚。

这种深厚的底蕴，不仅体现在过去的级别上，相对发达的文化，也是一大特征。

在古代，胶东半岛地处海隅，科举文化不如中原、江南兴盛，考取的文状元数量很少，满打满算，只有三个人，并且都在宋代。他们分别是宋代的吕蒙正、蔡齐和王俊民。其中，除了蔡齐是胶水县（平度）人之外，吕蒙正和王俊民都与掖县有些渊源。如今莱州市的文史资料，也都秉持两位文状元的说法。

不过，严格说起来，这两位“掖县状元”，身份多少都有“瑕疵”。王俊民的籍贯是掖县罗峰镇，按照现在的区划，算是招远人；而吕蒙正在《宋史》中记载为“河南人”（洛阳），虽然他的祖父吕梦奇原籍掖县，但他本人主要的成长经历是在河南。掖县视之为“掖县状元”，洛阳也视之为“洛阳骄傲”。

吕蒙正所在的家族，在历史上被称作“东莱吕氏”，是宋代科甲连绵的望族。值得一提的是，这一家族虽然长期不在胶东半岛居住，但祖籍意识却相当强，数百年间，一直以“东莱”为号。

“东莱吕氏”占籍他乡，却不改祖籍之号。这一现象，在古代就引起人们关注。清代王士禛在《池北偶谈》中就说：“宋人罢官者多居近畿，不归其乡，死即葬焉，子孙亦遂占籍。如钜野晁氏、东莱吕氏、华阳范氏、梓州苏氏，代居京师。”现代学者对这一家族的传承也多有研究，《宋代吕氏家族研究》就有比较详细的记载。

根据史料记载，东莱吕氏发迹于五代时期的吕梦奇（莱州史料称其居住地为现莱州市城港路街道的军寨址村）。吕梦奇在后唐时期，曾担任幽州节度判官、户部侍郎等职务。他的两个儿子，叫作“吕龟图”和“吕龟祥”。吕蒙正是吕龟图之子，而吕龟祥一系后来的代表人物就是吕夷简（吕蒙正的侄辈）、吕公著。吕蒙正、吕夷简、吕公著皆为朝廷重臣，东莱吕氏的名声，就此奠定。

有趣的是，吕龟图一系占籍洛阳，而吕龟祥一系占籍寿州（《宋史·吕夷简传》：“吕夷简，字坦夫，先世莱州人，祖龟祥知寿州，子孙遂为寿州人。”），但两支人都称“东莱吕氏”。

靖康之变后，吕氏南迁到浙江定居，仍以“东莱吕氏”为号。南宋时期的吕祖谦，钻研理学，世称“东莱先生”，他的著作也取名为《东莱集》。在他之前，同为吕氏族人的吕本中，也有“东莱先生”之称。吕本中曾编纂了《东莱吕氏家范》，被称作古代家规的模范。

吕氏家族对“祖籍地”（或称郡望）的重视，不仅体现在内部族谱族训上，还体现在朝廷对其的封号上。

查询《宋史》，东莱吕氏至少有两人的封号爵位冠以“莱”或者“东莱”。例如，宋真宗年间，以吕蒙正为太子太师、莱国公。

而到了宋高宗年间，吕夷简的曾孙吕好问因为拥戴有功，又被封为“东莱郡侯”。当时金军南下，宋室偏于江浙，所谓“东莱郡侯”，更多是一种象征性的称号，但也能看出朝廷对吕氏郡望的尊重。

唐宋旧家之胶东谭姓

在胶东半岛地区，很多姓氏都传言是元明之后的移民，土著姓氏则为数不多。

胶东土著姓氏当中，姜、于、孙、初等姓，相对为人熟知，不过也有一些姓氏，定居胶东半岛的年代虽然同样较早，不过以往的介绍比较少一些。其中，谭姓就算是一个例子。

在史料当中，关于胶东谭姓的记载，最早可追溯至唐代。清康熙版《莱阳县志》记载："唐广州都督司马谭长墓，在县西南五十里，墓碑虽断，而文尚可辩。"关于谭长的生平，因为资料有限，只有大概轮廓，他是乡进士出身，官至广州都督司马，去世后归葬于卢乡（莱阳古称）。

二十世纪三十年代修撰的《莱阳县志》在介绍当地姓氏的时候，也据此将谭氏列为"唐宋故家"。志称："谭氏，司马长后，散居五区院西等村。"五区院西村，即现在青岛莱西市的谭家院西、臧家院西一带。

这位唐代的广州司马谭长，在后世的莱阳谭氏谱书当中，也被尊奉为始祖，族谱序言称："凡吾谭氏，孰非司马之苗裔也。"不过，族谱也承认："世远年灭，谱系失传"，只知谭长为始祖，从谭长至明初的世系已经无法考证。

值得一提的是，尊奉谭长为始祖的谭姓，不仅限于老莱阳县，西至淄川、潍县，东到文登、牟平，均有谭姓认为是莱阳谭氏的分支。

其中，位于文登和乳山交界处附近的谭家口（分为东西两村，原属铺集镇，现属葛家镇），为谭姓聚居大村。根据村志记载，当地谭姓为明宣德年间从莱阳迁来建村。

虽然村志将谭姓建村的时间记载为明宣德年间，但结合其他史料来看，当地有可能很早就已经有谭姓居住。在历史上，谭家口村曾长期归属宁海州牟平县（附郭）管辖，直到二十世纪中期才划到文登。而至少在宋金时期，宁海谭氏就已算是久居当地的世族，代表人物就是全真七子当中的长真子谭处端。

根据《长真子谭真人仙迹碑铭》的记载："师讳处端，字通正，山东宁海州人。"而《金莲正宗记》也记载道："先生讳玉，字伯玉，谭其姓也，世居宁海。"

按照古代传统，居住五世（至少也要三代）才可以称作“世居”，否则就另有祖籍。而按照七真年谱，宣和五年（1123年）三月初一日，长真谭真人生于宁海州。宣和为宋徽宗年号，由此判断，至少在北宋中期之前，谭氏就已经定居在宁海。

关于谭处端的家族，是否也是从莱阳迁徙？史无明文记载，难做定论。但在金代之前，胶东不同州县之间的姓氏迁徙也并不鲜见，比如莱阳宫氏，根据族谱记载始祖在五代时落户于昆嵛山之东，后来有一支迁徙至莱阳，后成金代莱阳望族。以此来看，宋金时期的宁海谭氏，也有可能是莱阳谭氏的分支。

而至于谭处端的详细籍贯，多数史料只记载为宁海州人，并未提及详细故里。不过，全真七子当中，同样是宁海州人的丹阳子马钰，史料记载为宁海州降仙坊，即宁海城里人。谭处端没提及故里，有可能原籍是在乡下。原宁海州境内，带有谭字的村庄不少，如谭家村、谭家口、谭家泊等。但可惜的是，现在的地名资料，基本只能追溯到明初，元代之前的历史，多为空白。到底哪个村可能与谭处端有关，不得而知。

虽然谭处端的故里难以确定，莱阳谭氏元代之前的世系也很难考证，但两者至少可以肯定一点，那就是谭姓的确很早就已经在胶东半岛居住。

关于谭姓的起源，多数观点认为是以国得姓，春秋时期，谭国灭后，国人以此为姓。《读史方舆纪要》中对谭国有如此记载：“东平陵城，（济南）府东七十五里，春秋时谭国地。庄十年（前684年），齐师灭谭，谭子奔莒。”

根据以往的史料来看，齐国灭掉其他国家之后，常见的做法是将对方集体迁徙到外地，比如莱国从东莱迁至莱芜，牟国东迁至海边（福山）。栖霞铁口牟氏，相传即牟子国牟姓后裔。莱阳谭氏，有无可能是被齐国迁到胶东的谭国后人呢？还有待考证。

全真教第三代中的胶东于姓

提到胶东地区的土著姓氏，姜、于、孙、初、丛等，是容易被人们想到的例子。

胶东于姓，相传为汉代名臣于定国之后，避乱迁居胶东半岛东端的斥山居住。因为年代久远，谱系已经难以考证，但此说一直较为流行。非但今人如此，元代修撰《齐乘》的于钦，也曾说道："斥山，高门之族居此有千余家，东齐于氏皆斥山望也。"

或许是金元之际的战乱影响，胶东半岛在元代之前的资料，不管是官方史志还是民间族谱，留存下来的都不太多，现今能看到的记载，多数只能追溯到元代。不过，有一个体系的文献是个例外，那就是金元之际很是盛行的全真教。古代盛行刻碑颂德，全真教在历史上就留下了很多石碑铭文，从中可以对当时的风土人情，窥见一斑。

众所周知，全真教是王重阳所创立，他悟道之后，离开陕西的终南山，来到了胶东的昆嵛山，在这里陆续收下了七位徒弟，就是后来有名的"全真七子"，他们都是胶东当地人（丹阳子马钰，宁海人；长真子谭处端，宁海人；长生子刘处玄，掖县人；长春子丘处机，栖霞人；玉阳子王处一，宁海人；太古子郝大通，宁海人；清静散人孙不二，宁海人）。

以上全真七子算是第二代徒弟，而随着他们修行和名声的提高，也不断有新弟子投入门下，即第三代弟子。而在第三代弟子当中，就有不少于姓人，比较有代表性的三位分别是于善庆、于道显和于志可。

关于他们的生平，都有碑文传世。就籍贯而言，于善庆和于志可都为宁海人，于道显为文登人，而这两个地方，现在也是胶东于姓有名的聚居地。

《甘水仙源录》记载，于善庆（又名于志道），字伯祥，宁海人，高门于公之后。按此，应该也是斥山于姓的分支。他的祖父于彦升，曾在县中任职，似乎就此迁居宁海城内，与马钰为邻。马钰得道之后，回到故里，于善庆闻名前去，拜师入门。此后，于善庆常年在陕西活动，被尊为“通玄广德洞真真人”，他颇为高寿，八十五岁时羽化。

为于道显作墓志铭的，则是金元之际有名的文人元好问（代表名句“问世间情为何物，直教人生死相许。”）可惜的是，元好问重点回顾的是于道显后半生的成就，对于他的籍贯，提及不多，只说道：“离峰子讳道显，出於文登于氏。”这位于道显，是刘处玄的高徒。

另外一位于姓人，叫作“于志可”，他的字是显道，看起来跟刚才介绍的于道显有点相似，但两者并非同一个人。于道显是文登人，拜刘处玄为师；而于志可系宁海人，为丘处机的徒弟。

于志可的家世，是以上三人当中，介绍最清晰的一位。《甘水仙源录》记载：“师姓于，名志可，字显道，冲虚其号也，宁海人，汉高门于公之后。父讳江，子六人，师其幼也。”也就是说，于志可也是宁海人，同样为斥山于姓分支，他的父亲叫作“于江”，生有六个儿子，于志可是最小的一个。

对胶东于姓有研究的朋友，听到“于江”这个名字，应该很耳熟。在乳山司马庄（金元属宁海州）于姓的谱系当中，金元之际的确有一位叫作“于江”的人。按照谱系上的说法，司马庄是由始迁祖于广建村，于江是于广的儿子，于江自己又有四个儿子，他们开枝散叶，逐渐形成有名的司马庄于姓支系。

史料中提到的于志可父亲于江，和司马庄族谱中的于江是否同一个人？因为参考内容相对有限，难做定论。不过就年代推测，可能性还是比较高的。至于四个儿子和六个儿子的不同说法，其实也并不矛盾，因为碑文撰写的时间早，描述的是客观情况。而族谱是后来修撰，有可能只记载有后人的分支。根据碑文的说法，于志可在十九岁拜师，应该尚未成家，结合后面的记载，基本可以断定他没有后人。并且在古代，入道也是出家的一种，相当于放弃原来的世俗关系。这样的话，族谱上没有记载，也可理解。

按照上述推论，于志可很有可能与司马庄于姓有关，那么于善庆和于道显又是什么家世？从同样的“宁海人，高门于公之后”的信息推测，于善清跟于志可应该是同宗，至少是斥山祖上的同宗。而于道显因资料太少难以推断，现在文登的大水泊，也是胶东有名的于姓聚居地，史料说于道显是文登人，有无可能就是大水泊一系？还有待进一步的考证。

胶东隋姓郡望之“定海郡”

隋姓，是一个比较典型的胶东姓氏，定居半岛时间较长，北宋末就迁来，后逐渐扩展到胶东各地。提到胶东隋姓，元代的隋世昌是一个绕不开的人物。

隋世昌在《元史》中有传，他祖籍栖霞蛇窝泊，在父亲隋宝这一代迁到莱阳。其以武艺见长，擅使铁枪，在元初立有战功，被封为安远大将军、管军万户、定海郡侯。古代习惯以郡望、封号为族谱前缀，二十世纪初胶东隋姓修撰的通谱，就名为《定海郡（侯）隋氏通谱》。

这个定海郡指的是哪里？长期以来，普遍的观点认为是浙江，因为当地设有定海县。清代的《浙江通志》就据此将隋世昌列入浙江历代分封名单当中。而根据《元史》记载，隋世昌晚年的功勋也的确主要是在江南取得，他一度也曾率军镇守杭州湾北侧的澉浦，浙江一说，听起来似乎合情合理。

但仔细分析史料，又颇有值得商榷之处。隋世昌虽然是定海郡侯，但不管在正史记载，还是家谱传说当中，几乎没有关于他到过浙江定海的记载。并且，浙江虽然有定海县，但并没有定海郡，一字之差，区别很大。

在古代，虽然都是封侯，但级别却有不同。郡侯，顾名思义，食邑通常为一个郡，概念接近于“万户侯”。在元史记载中，隋世昌在封为定海郡侯之前，就先担任了沂郯上副万户。也就是说，定海郡侯中的定海郡，指的应该不是定海县。

历史上，浙江的定海县曾有多次调整。从宋代到明代，定海县指的都是清代的镇海县（现在宁波市镇海区）；一直到了清代康熙年间，朝廷下令，改定海为镇海，以舟山群岛为新的定海县。鸦片战争期间，英军进攻定海，总兵葛云飞殉国，就是在舟山岛。

在隋世昌所在的年代，提到浙江的定海，自然就是现在的镇海。不过，查询《镇海县志》，当地在过去从未叫过“定海郡”。在其他史料当中，也查不到定海郡的信息。

结合以上资料分析，定海郡侯中的定海郡，应该另有所指。那么，这个定海郡，到底是哪里呢？

在《浙江通志》中隋世昌下面一条的记载，或许有所启示。志称：“赵孟頫，湖州人，曾祖師垂、祖希永、父與旹，以孟頫贵，并封吴兴郡公。”

赵孟頫是湖州人，湖州在古代是吴兴郡的辖区，因此封其为吴兴郡公。以此推断，隋世昌被封为定海郡侯，这个定海郡应该也与隋世昌的籍贯有关。

根据《元史》记载，“隋世昌，其先登州栖霞人。父宝，徙居莱阳。”他去世之后，安葬在行村海口（丁字湾畔的何家村，当时行村属莱阳县），后世一般将其算作莱阳人。在金元之际，莱阳县属于莱州管辖（明初划给登州），而莱州当时有称作“定海军”，设立过一个定海军节度使。

如《金史·地理志》记载，“莱州，上，定海军节度。”《读史方舆纪要》也说：“莱州……宋仍曰莱州，亦曰东莱郡。金因之，亦曰定海军。”

节度使这个官职，唐代已有，且权力颇大，节制辖内军民，类似于“诸侯”，史料通常称之为“方镇”。到了宋代，为了防止武将跋扈，朝廷削减节度使的实权，使之成为一种偏荣誉性的官职。金代在官制上大体沿用宋朝，不过，因为战乱频仍，本来偏荣誉性的节度使，在金代中后期，又逐渐变成了一种实职。

《金史·百官志》载：“诸节镇，（设）节度使一员，从三品。掌镇抚诸军防刺，总判本镇兵马之事，兼本州管内观察使事。”当时的胶东半岛共有莱、登、宁海三州，只有莱州设有定海军节度使。

从理论上说，定海军节度使只管辖莱州范围内的五个县（掖县、胶水县、即墨县、莱阳县、招远县），但在特殊时期，有兼衔的话，定海军节度使可以节制山东半岛大部分区域的军事。比如金熙宗天眷年间，辽人赤盏晖为定海军节度使，因为当时有战事，金朝就以“登、莱、沂、密四州委晖经画”。

隋世昌生活的年代横跨金元两代，按照籍贯，他算是定海军人。定海郡侯之封号，也有可能是定海军侯的雅称。

实际上，在史料当中，“定海军”和“定海郡”也有通用的情况。比如，清代《招远县志》在有的版本中就记载：“金始置招远县，属定海郡（军），山东东路。”以此推断，隋世昌封号中的定海郡，很有可能就是莱州吧。

明代人眼中的胶东“奇姓”

明朝中后期的大臣兼文学家王世贞，平时有研究奇闻的习惯，他后来专门撰述了一本书，名字叫作《皇明奇事述》。在这本书中，对姓氏的介绍占了很大的篇幅，其中就有不少是来自胶东半岛地区的特色姓氏。

所谓“特色”或者“奇特”，跟旅游一样，是一种相对的概念。旅游是从自己待腻了的地方到别人待腻了的地方去。同理，有些姓氏，胶东人习以为常，但外地人却觉得很新奇。王世贞是江南人，因此在他眼里，不少胶东常见的姓氏，也被视为“奇特姓氏”，下面就跟大家简要介绍一下。

王世贞列举的胶东特色姓氏当中，首先出场的就是丛姓，他在书中写道：“丛，文登人尚书兰。”丛这个字，现在看起来比较常用，但在繁体字中写作“叢”，笔画很多，因此被视为特色姓氏也可以理解。

丛姓的祖居地为文登，如今在胶东半岛东部很多县市都有分布，根据族谱记载，文登丛姓为西汉名臣金日磾的后代，魏晋之际，改金姓为丛姓，避乱迁居胶东，因此有“天下丛姓祖文登”的说法。到了明代，文登人丛兰科考入仕，成为朝廷重臣，丛姓也逐渐成为胶东望族。

王世贞笔下的另一个胶东特色姓氏，是栖霞的衣姓，原文称：“衣，栖霞人卫经历勉仁。”这位衣勉仁有什么来历？在栖霞县志中没有相应记载，不过其他的衣姓人物的确不少。栖霞民间有“衣马不分家”的说法，相传衣姓本为马姓，是唐代由皇帝赐姓为衣。但因年代久远，这一说法暂时难以考证。目前，栖霞衣姓有信史可追溯的年代为元代（《大元国奉训大夫般阳路总管府判衣公孝思之碑》），记载栖霞衣姓是从蓬莱迁来。衣姓在全国范围内并非大姓，但在栖霞较为集中。根据现代编撰的《栖霞县志》的统计，衣姓规模在当地姓氏中排在前十位。

丛姓和衣姓，在外地人眼中是特色姓氏，但在胶东人看来，比较常见。下面要说的这个姓氏，非但外人觉得奇特，在胶东当地的规模也比较少，那就是禚姓。

禚（zhuó）这个字，在字典中只有一个解释：古代山东的地名。在左传中，曾提到齐国的禚地。后来禚人以地为氏，就是禚姓。在胶东地区，青岛平度市崔家集镇的禚家村，是禚姓的一个集中分布地。根据清代的石碑文字记载，“明初，我祖至杰公自湖广枣阳县卜居于此。”如今，村里的禚姓已经繁衍到了二十多世。王世贞记载的平度禚姓名人叫作“禚芳”，曾经当过南平县的训导，不知是否禚家村的人？

除了上面介绍的这三个姓氏，王世贞列举的胶东特色姓氏还有莱阳的咸姓、掖县的宿姓和福山的迟姓。如今，咸姓在莱阳和莱西仍有分布；宿姓在莱州和平度的村庄也不少。莱阳县志对咸姓的渊源曾有记载：“咸姓，明明经惟一之族，其先金陵人，元末徙。”在明代中期，莱阳咸姓出过进士咸怀良；掖县宿姓出过进士宿应参，都算是书香门第。

迟姓，如今在胶东地区分布很广，但江南较为少见，因此王世贞以此为奇。明末清初，莱阳姜山迟姓曾出过不少进士，但晚于王世贞的年代，因此王世贞在书中没有提及，他列举的胶东迟姓人物，是福山人，曾任定海县令的迟禧。

以上这些姓氏，如今在胶东还算常见，但书中列举的姓氏当中，也有一些现在已经难以见到。比如蓬莱的“匙”姓，明代出过一位都指挥叫作“匙北钥”；福山的“霓”姓，明代有雩都县令“霓济怀”；即墨鳌山卫的“类”姓，明代有训导“类康”；胶州的“卖”姓，明代有宜黄县令“卖芳”。

实际上，胶东特色的姓氏远不止以上这些，但王世贞本身为朝廷大臣，他的资料来源主要是官方的文书档案，因此他自己也说，总结的是“缙绅奇姓”。有些姓氏没出过官员，或者在王世贞年代之后才科举入仕，就没有汇总于此。

以今人之见闻，胶东各县堪称有特色之姓氏者，掖县有綦、锁、阴、提、姬、班、国等姓；平度有生、满、胥、昌、尚、冷等姓；胶州有况、法、谈等姓；即墨有矫、廉、亢、聂等姓；莱西有巨、封、公等姓；莱阳有邴、粘、位、稽、荀等姓；海阳有申、缪、包、相、宣、来等姓；乳山有焉、仇、勇、沙等姓；文登有赛、茼、郤、牛、柏等姓；荣成有龙、伯、玄、商、滑、蒲、楚等姓；牟平有都、尤、费、东等姓；福山有巴、权等姓；蓬莱有景、司、骆、浦、哈、呼等姓；龙口有莫、智、蔺、麻、霍、索等姓；招远有路、欧、薄等姓；栖霞有慕、米、蒙、桑、符等姓，不一而足。

牙山周边鲜有于姓村庄

在胶东历史上，明末清初发生的“于七反清起义”（前后两次，下文统称为“于七反清”）可谓大事，对后世诸多方面都产生影响，而姓氏结构就是其中之一。

根据史料记载，于七为登州府栖霞县唐家泊人。唐家泊位于栖霞南部，距莱阳（当时海阳大部亦属莱阳）不远，因此栖霞、莱阳两地，于七多有故旧。在反清失败后，两地受牵连的人也很多。史载，士绅即便没有帮助于七，只是书信相通、一面之缘，也会面临牢狱之灾。《聊斋志异》对此也有提及：“于七一案，连坐被诛者，栖霞、莱阳两县最多。”

在受牵连的人当中，于七的同姓宗族首当其冲，当地于姓或受牵连、或避乱迁走、或更名改姓，这种情况，在于七反清的根据地牙山周边尤为明显。于姓本是胶东半岛的大姓，但在牙山附近，于姓村庄并不多见。

唐家泊村是于七的故乡，当年于七既然是一方豪杰，想必当时村中于姓不少。但根据《栖霞市地名图集》的记载，如今的唐家泊村，为镇驻地，人口超过两千，有李、高、栾、肖、黄、刘、牛、杨、冯等姓，没有提及于姓。

镇驻地的情况并非唐家泊镇的特例，该镇共辖六十七个村庄，有于姓分布的村庄不过十多个，其中，除了泊子北庄村于姓较多之外，其他村庄即便有于姓分布，规模也并不大。

其中，于姓相对较多的泊子北庄村，根据《栖霞市地名图集》记载，虽然是文登大水泊于姓迁此建村，但时间是在清嘉庆年间，距离“于七反清”已经过去一百多年。实际上，在其他那十多个有于姓分布的村庄，于姓也并非明末清初就已落户的土著，而是清代中后期才陆续迁来。

除了唐家泊镇之外，桃村镇是另外一个临近牙山的区域。而根据栖霞地名资料记载，该镇牙山周边的村庄，于姓规模也不大。

从地图上看，营盘、石字线、灵山夼、接官亭、西庄，东西草埠所在的山夼和东西瓦屋所在的山夼，总计约二十个村庄，距离牙山较近。以上村庄当中，除了东西草埠的于姓人还成规模之外，其他村庄要么没有于姓分布，要么于姓规模很小。

与泊子北庄村的于姓是清代中期迁来不同，西草埠的于姓落户时间较早。根据村名石碑记载，明万历年间，于姓从海阳县白水夼（海阳境内现无此地名，相传在郭城南部）迁来。

如果按照这个建村时间推算，于七反清时，西草埠村的于姓应该受到波及，但似乎并无太大影响。因此推测，这里的于姓应该跟于七家族同姓不同宗，或者即便同宗，世系间隔也比较远。

值得一提的是，海阳北部的徐家店镇境内有野夼堡和于家长沙两村，也是于姓建村聚居较早的村落，且距离栖霞地界和牙山都不远。从村志记载来看，他们建村时间都早于“于七反清”。但似乎也没有受到“于七反清”的波及。其中是何原因，因资料有限，暂不知晓。

不过，有一点可以肯定，当时栖霞境内的于姓受到牵连者众多，有一个例证就是现在西城镇的遇家村。根据村名石碑记载，遇家村的遇姓，原本姓于，于七反清失败后，当地于姓为避乱改姓为“遇”。而据栖霞市地名办考证，蛇窝泊镇东初家疃村之茹姓，亦是于姓为避祸而改。

胶东姓氏之“县望”与“村望”举例

在姓氏文化当中，有一个概念叫“郡望”。所谓“郡望”，即一姓之祖居地或兴盛地。如天水之于赵氏，陇西之于李氏，安定之于梁氏，清河、博陵之于崔氏，琅琊、太原之于王氏等等。

郡望是相对于全国范围来说。而胶东半岛在古代总共不过数郡之地，只在此区域内讨论，再称“郡望”显然就有些托大，不如直称“县望”或“村望”。

用通俗的话来说，“县望”指的就是某姓在某县较有代表性。而“村望”大体就是某姓名村的意思，即村庄堪称某个姓氏在胶东半岛范围内的祖居地或兴盛地。

按此标准，胶东姓氏之“县望”和“村望”颇多，本文就尝试盘点之。因姓氏种类较多，渊源也多有区别，尤其是“李王张刘”等大姓，各县规模均不少。故难以概全，只做简介，略为举例。

一、姜姓

乳山市峒岭村（明清时属宁海州，现分为东西两村），为胶东姜姓之名村。据村志及族谱称，峒岭姜氏为齐康公之后裔。田氏代齐，流放康公于海上。后秦灭六国，为避战乱，康公后人迁此建村，延续至今。后世胶东姜姓，大多相传从此析出。

峒岭村之外，海阳市北槐树底村和龙口市黄城阳村亦为姜姓名村。前者析出海阳、莱阳等地多个姜姓村庄，后者据记载为昌邑姜姓祖居地。昌邑姜姓，如今已是大族。

二、于姓

胶东于姓之村望，首推古文登县之“斥山”。

斥山为胶东于姓祖居地这一说法由来已久。元代于钦在《齐乘》中就提到：“斥山，文登东南六十里……盖以海滨广斥得名，高门之族居此有千余家。东齐于氏皆斥山望也。钦之曾大父端叔府君自斥山徙昌阳。”

文登斥山作为于姓祖居地，主要是在元明之前。到了后来，从斥山又衍生出大水泊及司马庄两大支系，两村均为胶东于姓名村。半岛东部之于姓，几乎言必称此两村。大水泊村现位于威海市文登区大水泊镇。司马庄属威海乳山市乳山寨镇，共分为北、南、东三村，北村为正，且有祠堂。

三、初姓

在全国范围内，初姓非大姓，然于胶东地区颇为集中。考其村望，为老福山县之芝罘岛。

据族谱记载，初姓源自楚国芈姓，历史上长期居住在楚地，唐代迁徙至辽西的杏山。五代时为避战乱，跨海来到胶东半岛，定居芝罘岛，此后析出众多分支，福山、牟平、莱阳、海阳等县均有大村。

四、薛姓

胶东薛姓多以薛家岛为祖居地。薛家岛现在位于青岛市黄岛区境内。

据族谱记载，薛家岛薛氏为明洪武年间从陕西迁来。后族人薛禄跟随朱棣立功，封阳武侯，死后追赠鄞国公，在《明史》中有传，薛家岛因此也名声大噪。莱阳、莱西、海阳、牟平等地均有薛姓村庄传自薛家岛迁来。

五、盖姓

胶东盖姓以莱阳分布较多，莱阳盖姓以凤头村为祖居地。

盖姓何时由何地迁至莱阳，说法不一。不过凤头村为祖居地这一点，已为定论。民国版《莱阳县志》亦持此说。据盖氏族谱，莱阳盖氏始祖定居于凤头村，后分支析出建立西大策、森埠庄等村落。

六、柳姓

胶东柳姓，多以栖霞市大庄头村为“村望”。

该村存有清代祠堂碑记，文中开篇即称：“大庄头，柳氏之故里也。”

现当地柳氏族人尊柳下惠为始祖。何年何代迁来胶东，只有模糊传说，无详细文字可考，想必年代已久。栖霞、福山、招远、莱阳、海阳等地，均有大庄头柳氏分支。栖霞寺口、福山高疃、莱阳三青，均为柳姓大村。

七、曲姓

曲姓为胶东大姓，以黄县为“县望”。

民国版黄县志载：“曲氏，县中亦多此姓，城南城西多有之。”北马位于黄县城西，盖亦在指代当中。

而牟平也为曲姓大县。民国版《牟平县志》称：“本县曲姓，据查系明时先后由黄县迁来。”

其他县市亦有不少曲姓分布，渊源不尽相同，不一而足。

八、牟姓

胶东牟姓以栖霞为“县望”。就渊源而言，分为两大派系，即“铁口牟氏”与“名宦公牟氏”。

“铁口牟氏”以栖霞市铁口村为祖居地，族谱记载为牟子国后人，宋代自福山县牟子国故地迁至铁口，繁衍为大族。元初有将军牟全，曾参与东征日本。铁口牟氏不但在胶东多有分支，于安丘、日照等地亦有后裔。

“名宦公牟氏”则系明初从湖北公安县迁来，始祖牟敬祖时任栖霞县主簿，卸任后定居县内榆疃一带（现栖霞市蛇窝泊镇境内）。他去世之后，入祀栖霞县名宦祠，故其后人称为“名宦公牟氏”。明清时期，该支牟氏科甲较盛，栖霞牟氏庄园亦为该支后人。

九、宫姓

东莱宫姓，以文登县柳林庄为“村望”，然该村现已无宫姓人。

族谱载，东莱宫姓以五代时宫熙儒为始祖。宫熙儒归隐之后，定居于柳林庄。此后衍生众多支系，其中莱阳支系较为有名。

民国版《莱阳县志》载：“宫氏，世居濯村（现莱阳市姜疃镇濯村），其先宁海人，进士礼之曾祖徙，金元间多仕宦者，散居县内各村，即墨、蓬莱、牟平、海阳宫氏亦其族云。”

现乳山市宫姓名村青山、枣林等，与莱阳濯村宫氏同属一脉。

十、隋姓

胶东隋姓，以栖霞蛇窝泊为“村望”，族谱记载为宋代自固始县迁来。

金元之际，隋宝、隋世昌父子于莱阳成名，但仍尊栖霞蛇窝泊为故里。明代之后，隋姓族人逐渐散居胶东各地，莱阳之曲坊、乳山之诸往、海阳之方里、即墨之团彪庄等均为隋姓大村。

十一、宋姓

胶东宋姓，多尊元代宋信为始祖，以文登宋村为“村望”。

据族谱载，宋信原籍江西吉水县，元代曾在般阳路（治所在淄川）任职，卸任后落户文登宋村，后世子孙逐渐迁徙胶东各地。

其中，莱阳宋氏与蓬莱宋氏在历史上较为有名。莱阳宋氏明清时为当地科甲望族，蓬莱宋氏于晚清亦有名人宋庆，于《清史稿》中有传。

十二、左姓

胶东左姓，以莱阳为“县望”，系自章丘迁来。

民国版《莱阳县志》称：“左氏，其先章邱（丘）人，明初徙於，万历后科名乃盛，有进士之宜、懋第（左之宜、左懋第），散居县内各村。”此说大致与族谱相同，而族谱对章丘之前的渊源亦有考证。

除莱阳外，福山、栖霞境内亦有左姓人。渊源似与莱阳不同，《福山区地名志》称福山左氏为明代军户后裔，“始祖左信，原籍安徽，明洪武年间到福山任百户世职。”

十三、徐姓

胶东徐姓，以文登、黄县等为望。其中，文登徐姓，以白马村、爬山后村等为“村望”。

白马徐氏，相传宋代自“云南”迁来，于胶东分支众多，文登、荣成、牟平三地徐姓，多与该村有关。而爬山后村徐氏亦为白马分支，因系清代名臣徐士林故里，且闯关东徐氏后人寻根常提到此村，故知名度较高。

据民国版《莱阳县志》记载，莱阳部分徐氏亦与文登徐氏有关。志称：“徐氏，其先文登人，徙居城南关，析三区玩底（万第）、大策等村。”

而黄县徐姓虽然族大，但渊源不一。民国版《黄县志》

称："族望不一，不知何时来黄。"近代名人徐镜心即黄县馆前后徐家村人。

十四、丁姓

胶东丁姓，多为琅琊丁氏分支，以黄县、莱阳为望。

在历史上，黄县丁氏为当地望族，以经商而闻名。民国版《黄县志》载："（丁氏），明初由沂州日照县之南沙河迁黄。清康熙间，子孙积累渐厚……日照、潍县、诸城之丁氏与黄皆属一族，至今行辈秩然。"

而民国版《莱阳县志》载："丁氏，清孝廉元任之族，其先海州人，由诸城徙居六区团旺等村。"关于具体渊源，团旺丁氏族谱又称："按丁氏之先，青州诸城县人也，明初我始祖讳文忠者流寓莱阳之团旺庄。"

也就是说，黄县丁氏、莱阳丁氏同为琅琊丁氏分支，只是具体系出不同。

十五、梁姓

胶东梁姓，以威海（文登）、莱阳、蓬莱等地为望。

《安定郡梁氏宗谱》（莱阳）载：明洪武二年（1369年），梁姓始祖抱谱携眷，由原籍陕西省华阴县，起往小云南古槐底，经常州府无锡县，六迁至登郡莱阳县。初庐朱古村，后兄弟四人分徙各处，其中梁文庆公定居于岚子前。如今莱阳、海阳等地梁姓，多源自此脉。

而威海梁姓以"柴里村"为望，关于渊源，说法不一。过去有从蓬莱迁来一说。不过据莱阳梁伦田先生考证，威海梁姓始祖梁文学公是在明洪武初年与其他几兄弟一起奉旨从陕西华阴县经江苏无锡，迁徙至山东莱阳县。兄弟当中，有人落户于莱阳，而梁文学公继续迁徙，至文登县境内落户。经过数百年的繁衍生息，逐渐成为当地大姓。现威海市区周边及文登、荣成等地梁姓村庄，多与此相关。

蓬莱境内梁姓村庄亦多，据地名资料记载，多相传源自“诸谷梁家”。“诸谷”与莱阳族谱所说之“朱古”发音相近，疑为指代同一地点，然暂未见详细考证。而据《黄县志》。黄县梁姓，则系从蓬莱迁入。

四、战事

田单凭何能守住孤城即墨

田单以火牛阵破燕复齐这一历史事件，因为太史公在《史记》当中绘声绘色的描述，而广为人知。主人公田单在后世也颇受推崇，多个朝代都为他建祠设祭。实际上，即墨攻防战前后持续数年，火牛阵只不过是最终的高潮，而前期齐军的坚守才是胜利的基础。即墨一座孤城，田单凭借什么能够坚守数年？读史每至此处，颇令人深思。

一、孤城

现如今提到即墨城，有两个概念。一个是即墨古城，就在青岛市即墨区，是对明清时期即墨县城的复原；还有一个是即墨故城，在青岛平度市境内，是汉代之前的即墨城旧址。战国时期，田单防守的，就是即墨故城。

而在当时的形势下，“即墨故城”称之为“即墨孤城”似乎更为合适。

齐湣王末年，齐国实行对外扩张政策，四面树敌。燕昭王以乐毅为将，率领五国联军伐齐。齐军在济水以西迎战，结果大败。

就地理而言，齐国的核心区域在鲁中平原，济水为西线屏障，济水一失，国都临淄门户洞开，无险可守。因此，战败之后，齐湣王自知临淄无法久留，于是向南逃到莒城。在当地，齐闵王被以救援为名前来的楚军将领淖齿杀死，此时，一度强大无比的齐国，已经到了濒临灭国的生死关头。

根据史记的记载，数年之间，齐国境内七十余城，或破、或降、或走，大部分被燕军占领，只剩下莒和即墨两座城池，还在固守。而两地之间相隔数百里，难以呼应，其实是两座孤城。

其中，即墨城的情况与莒城相比，更为恶劣。

首先，楚国灭越之后，琅琊等地收入版图，距离莒城不远，可以发兵救援。而即墨位于胶东腹地，四周都已经被燕军占领，是一座完全意义上的“孤城”。

其次，齐湣王起初逃到莒城，这意味着莒城有相对完整的指挥体系，即便在淖齿弑湣王之后，莒人也拥立其儿子齐襄王，也就是说莒城始终有齐国的中枢，人心相对统一。而即墨只有一位大夫守城，并且还在迎击燕军时战死沙场，田单是在不得已的情况下，被众人推举出来的将领。如果不考虑后来的战功，单就一开始的形势来看，即墨比莒城要差得多。

二、即墨故城的地势

从地形来说，即墨故城也并不是一个理想的防守场所。

如今的平度市，北部多山地，中部和南部地形开阔，一马平川，利攻而不利于守。清代捻军进军胶东时，其他州县都在山上凭险据守，平度境内却死伤众多，地形就是主要影响因素。而即墨故城，就位于平度市东南部的古岘镇朱毛村附近。昔日的即墨故城 ，除了一部分城墙遗址之外，大部分都成为平整成片的麦田和姜田，显然也无险可守。

就具体位置而言，即墨故城位于小沽河的西侧，理论上，小沽河可以发挥护城河的屏障作用，但燕军是自西向东进攻，西门防守压力最大，城东面的小沽河，屏障作用也就大打折扣。

也就是说，燕军只要从北、西、南三个方向进城，即墨城就将面临背水一战的困境。

三、城内的防守实力

打仗，讲究天时地利人和，对于即墨防守一方来说，既无天时，也无地利，要想获胜，关键在于人和。关于田单如何收拾人心，与士族同甘共苦的经过，不是本文讨论的重点。这里主要研究的是人数对比，那么，当时即墨城内的防守实力（兵力）到底是一个什么样的状况呢？

史记中并没有记载即墨守军的人数，但通过侧面可以进行推断。《田单列传》中称：火牛阵出城时，后面跟随壮士五千人。

既然是壮士，自然是从士兵中经过精挑细选的。挑选比例应该至少是三人当中选一人，以此估算，城内守军兵力至少应在一万五到两万之间。

此外，根据《战国策》的记载，当时齐国实行五都制，大体意思就是全境划分为五个战区，每个区域一个中心城市，史学界推断，除了国都临淄之外，即墨和莒都在五都范围内。整个齐国的常备兵力，保守估计在二十万左右，以此推断，即墨城内有数万的守军，也在情理当中。

再者，除了即墨城中原有的守军之外，从临淄向东，一路上不断有田齐势力出逃汇集到即墨，田单和族人就是从安平（临淄东面一座城池）逃到即墨，这在一定程度上，也充实了即墨城中的防守实力。

即墨城中，有齐军数万人。那么城外进攻的燕军有多少呢？当初五国联军在济水之西击败齐军之后，四国撤兵，唯独燕军深入齐国腹地。在乐毅的指挥下，燕军花费了前后五年的时间，占领了齐国除了莒和即墨之外的其他城池。以此推断燕军的总兵力也不会太多，假设全国有二十万众，除了国内留守以及驻防齐国各地的军队之外，能够围攻即墨的，最多应该不过十万人。

兵法云："十则围之，五则攻之。"燕军的兵力，最多为即墨齐军的五倍左右，以此攻城尚可，但以此围城就比较吃力。

尤其是即墨东面的小沽河，燕军无力封锁，结合地图来分析，这或许是即墨城能够坚守数年的关键。

四、小沽河以东的态度

前文已经提到，齐国以临淄为都城，鲁中平原为根基。而胶东半岛原来大半属于莱子国的疆域，后来才归入齐国版图。

众多史料都有提及，战国时期的齐国，境内有七十多座城池，虽然没有明确提及哪些城池在胶东半岛。但即墨、掖、黄、不夜等，应该都包括在内。可以说，在战国后期，胶东半岛算是齐国统治比较稳固的一块区域了。

在古代战争中，守城一方最怕断水断粮。就算即墨城池再坚固，也经不住燕军围城数年。不过上文已经说过，燕军的兵力并不足以完全围困即墨城，尤其是东部的小沽河一线，非常可能一个薄弱环节。也就是说，即墨城的齐军，很有可能是通过小沽河，从河东岸的胶东半岛其他地区获得补给，从而有了长年对抗燕军的资本。

从史记的记载来看，原齐国统治区域，虽然大部分被燕军占领，但其内心态度明显仍偏向齐国一方，比如《乐毅列传》称："乐毅独留徇齐，齐皆城守。"《田单列传》称："齐人追亡逐北，所过城邑皆畔燕而归田单。"

由此可见，小沽河以东的胶东地区，颇有可能在暗中支持即墨，否则很难解释为何即墨这座孤城为何能坚守这么长时间。如今，小沽河以东，主要是莱西市的地界，这里也是一片沃野，保证了即墨城中的粮草供应。

五、火牛阵

顿兵坚城，师老兵疲，为兵家之大忌。在即墨城外长时间扎营之后，燕军当年的锐气早已荡然无存，其主要精力用在了收罗财物方面，《史记》中记载，田单曾汇集城中黄金千溢，以即墨富户的名义送给燕国将领，让对方心花怒放，放松警惕。

燕军既无意进取，即墨城中又不缺粮草供应，因此即便没有火牛阵，前者恐怕也难以获胜，而火牛阵只不过是以一种带有神秘色彩的方式，结束了这场战争。

根据《史记》记载，出战之前，田单在即墨城中汇集了一千多头牛（可见城中不缺粮草），在牛角上绑上尖刀，在牛尾上点燃火把，让一千多头年化身为一千多辆“坦克”，向燕军大营冲出，五千壮士跟随火牛后面，奋力冲杀，燕军大败。

此战拉开了齐国复国的序幕，很快七十余城皆复为齐。田单派人“迎襄王於莒，入临菑而听政”，居功甚伟的他被封为安平君。据《战国策》记载，齐襄王后来益封安平君夜邑万户，夜邑，就是后来的掖县，现在的莱州。

田单在胶东成名，后来在胶东也有封地，因此他虽然籍贯并非胶东，但称之为胶东名人，亦不为过。

公孙度跨海收取东莱郡

胶东半岛与辽东半岛隔海相望，在历史上颇有渊源。人们在描述两者之间的密切关系时，常以明代的区划举例，当时的辽东都司，主要是军政功能，民政事务长期挂靠山东布政使司管理，因此有观点认为两者当时属于同一区划。

实际上，除了在明代曾“一体化发展”之外，胶东和辽东在东汉末年，也一度纳入“同一辖区”。只不过，前者是承平时期的常态；后者却是战乱时的昙花一现而已。

东汉末年，在经历黄巾之乱后，群雄四起，各拥地盘。据《三国志》记载，胶东和辽东就曾被一位地方豪强同时占据，他就是公孙度。

辽东公孙氏家族，是汉魏之际有名的地方派系。根据《三国志》记载，公孙度，字升济，原籍辽东襄平，父辈迁居汉四郡之一的玄菟郡。公孙度以郡荐为官，曾担任过尚书郎、冀州刺史。被免官之后，凭借老乡徐荣在董卓面前美言，谋得了辽东太守的官职。公孙度到任之后，杀伐决断，很快控制了辽东的局面。

当时天下大乱，辽东偏安一隅，公孙度得以专心培育自身实力，他将辽东郡一分为三，自置官属，又攻取周边弱小郡县，将地盘在形式上扩展到一个“州”的样子，因此自立为辽东侯、平州牧，就此打下辽东公孙氏三代割据的根基。

值得一提的是，公孙度的扩张范围不仅限于辽东，《三国志》还记载：“（度）越海收东莱诸县。”汉代在胶东设置东莱郡，所谓收东莱诸县，就是占领胶东半岛的意思。《资治通鉴》将此事的时间记载为初平元年（190 年）。

按照东汉的区划，辽东属于幽州，东莱属于青州，本来并无关联。但公孙度渡海南下，将东莱郡纳入势力范围，机缘巧合之下，胶东和辽东在事实上纳入了同一辖区，即公孙氏的“半独立王国”。

结合历史记载来看，公孙度选择南下占领胶东，主要有三大因素。一个原因是，辽东偏于一隅，陆上扩展只有幽州一个方向，但当时控制幽州的是实力较强的公孙瓒，公孙度无力与其争锋，只能南下拓展；另一个原因是，青州在经历黄巾之乱后，比较虚弱，没有产生太强的割据实力，公孙度南下，阻力较少。

而在客观上，公孙度还有一个便利条件，那就是东汉时期的航海技术有所提升，从辽东半岛到胶东半岛已非难事，东汉末年，为了躲避战乱，渡海到辽东的山东人不在少数，管宁、太史慈都是著名代表。而在三国时期，远在江南的东吴，甚至跟辽东的公孙渊频频在海上联系，由此可见，跨海远征，完全是可能的事情。

不过，公孙度自身实力有限，隔海交通也终究不便，因此他控制胶东半岛的时间应该并不长。建安初年，袁绍占领冀、幽、并、青四州，青州归他的长子袁谭管辖，以袁绍盛时的实力，公孙度应该不是对手，因此可以推测，大概在官渡之战（200年）前夕，公孙度的势力就已经退出了胶东半岛。而在袁绍死后，长子袁谭困守青州时，麾下的东莱太守管统前来增援，就可以作为一个例证。

随着袁氏的衰亡，曹魏接管胶东半岛。《三国志·魏书》记载何夔后来任长广郡太守，而长广郡就是从东莱郡析出的一个新区划。此后，一直到公孙度的孙子公孙渊败亡为止，辽东势力都未能再染指胶东。当时率军讨伐公孙渊的是司马懿，虽然正史记载司马懿是渡过辽水进攻襄平，但胶东民间颇有司马懿的传说，以莱阳、海阳等丁字湾畔居多。

唐末朱温攻取胶东之战

五代十国时期，群雄割据。不过，位于胶东半岛的登莱两州，并未出现独立的地方势力，而是一直在中原王朝的统治下。追溯历史，发生在唐朝末年的一场战事是主要原因。在这场战事中，在中原逐渐坐大的朱温，派军队攻占胶东，自此从唐入梁至周，胶东始终为中原政权的辖区。

朱温攻占胶东之战，爆发于唐昭宗天复三年（903 年），实际上是另外一场战争的连锁效应。

昔日无比辉煌的唐王朝，当时已经风雨飘摇。昭宗皇帝受制于凤翔藩镇李茂贞，而称霸中原的朱温为夺回中枢控制权，率军进攻关中。李茂贞一方为了牵制朱温，以昭宗名义向其他藩镇发出勤王诏书。收到诏书之后，有两家藩镇采取了行动，那就是青州的王师范和淮南的杨行密。

王师范是青州人，他的父亲名为王敬武。史载，王敬武本为平卢镇（驻地青州）的牙将，后来驱逐长官，夺取节度使的位置。他去世之后，儿子王师范按照当时惯例继承职位。他虽然年轻，但上任之初就挫败部下的一次叛乱，稳定住了局面。

当时，朱温的势力不断扩大，在攻下兖州、郓州之后，已经与平卢镇相接壤。迫于形势，王师范向朱温请和，形式上与之结盟，实质上成为后者的附庸。

不过，在接到凤翔方面以唐昭宗名义发出的诏书之后，王师范的表现颇为“感人”。《旧五代史·梁书》记载：“诏至青州，师范承诏泣下曰，吾辈为天子藩篱，君父有难，略无奋力者，皆强兵自卫，纵贼如此，使上失守宗祧，危而不持，是谁之过，吾今日成败以之！”意思就是，他不忍心看到皇帝落难，准备要做唐朝的忠臣，选择与朱温做对了。

由于朱温的主力在关中作战，因此王师范起兵反朱之初，进展较为顺利，一度占领兖州，威胁到朱温的大后方。朱温认为王师范此举属于“叛变”（虽然当时两者都是唐朝的藩镇），派遣侄子朱友宁率军进攻。朱友宁亲自围攻青州，派偏师进攻登莱，唐末波及登州、莱州、青州等地的胶东之战正式爆发。

就当时的形势而言，青州为平卢镇的中枢，而登州和莱州相当于枝干。在青州防守稳固的情况下，朱友宁攻打登莱，相当于先削去青州的枝干，在兵法上算是个不错选择。但没想到的是，这看似高明的一招，却为朱友宁后来的悲剧埋下伏笔。

从史料记载的情况来看，朱友宁的偏师起初的确收到了效果。“六月，乙亥，汴兵拔登州。”

但王师范此时采取战略收缩，并没有在登州和莱州全力作战，而是把两地的生力军集中至青州城下，设立两座营寨，以为犄角之势。

一天夜里，朱友宁发动进攻，首先攻击的目标是登州兵的营寨，后者很快不支。朱友宁攻破登州营寨之后，进攻莱州营寨。此时已经快要天明，朱友宁方面厮杀了一整夜的士兵们都疲惫不堪，而从淮南前来支援青州的王茂章，趁机发动反击，与城中的王师范里外夹攻，朱友宁大败，纵马迎战时，马失前蹄，被王师范的部将砍下了脑袋。

朱温闻讯之后大为愤怒，亲自率兵二十万赶到青州，在青州城外击败了淮南的王茂章。大兵压境，外失援军，坚持了一段时间之后，王师范派人向朱温请降。

此次投降与前一次的求和不同，归顺得更为彻底。《资治通鉴》载：“（朱温）乃受师范降，选诸将使守登、莱、淄、棣等州。”王师范虽然一开始还保留了权淄青留后的职务，但辖区的登州、莱州等地的主官，都已经换上了朱温的人马，实质上已经成为后者的势力范围。

朱元璋北伐收取胶东半岛之经过

盘点胶东历史，明代颇具有标志性意义。就区划而言，明代将登州、莱州升格为府，这一局面延续至清末，很大程度上奠定了胶东的空间格局；就人口来说，明代有大量移民迁至胶东，或为卫所军户，或为普通民家，也直接影响了胶东的姓氏结构。因此，不管是研究胶东地方史志或是家族谱牒，明朝都是一个很难绕开的历史时期。而明朝开始对胶东半岛进行统治，则是朱元璋北伐山东的结果，那它具体是怎样一个过程呢？

一、北伐形势

众所周知，在中国历史上，南征易而北伐难。在朱元璋之前，鲜有北伐成功的案例（刘裕北伐功败垂成）。不过，这种难易，是在南北双方大致均势的前提下做出的评价，主要考虑的是地形和水土因素带来的客观影响（所谓高屋建瓴，对北方有利）。但如果双方的均势打破，就不存在所谓的难易问题，天平自然是向强者一方倾斜。

而在朱元璋北伐之前，天平就已经向他倾斜。当时，他已经先后消灭陈友谅和张士诚，巩固了对长江中下游的统治，浙南、福建、两广等地的群雄实力有限，对他已经不构成威胁，就大局而言，南方已定。

当时的北方，元廷在察罕帖木儿和扩阔帖木儿两人的经营下，虽然表面上恢复了对中原（河南、山东）等统治，但高层内斗不休，地方也军阀林立，外强而中干。

在这种形势下，当时尚未称帝、还是吴王身份的朱元璋判断“元祚将亡”，决定出兵北伐。

二、将领人选

朱元璋北伐中原，山东是首先要攻取的目标。这一方面与朱元璋的思路有关，《明史·太祖本纪》对此有详细的记载：“元建国百年，守备必固，悬军深入，馈饷不前，援兵四集，危道也。吾欲先取山东，撤彼屏蔽，移兵两河，破其籓篱……元都势孤援绝，不战自克。”

另一方面，就朱元璋当时的统治区域来说，“徐、邳（现江苏省徐州市一带）皆入版图”，进攻与之接壤的山东，有近距离的后勤基地。

出兵需点将，朱元璋挑选的北伐将领人选，主要是徐达和常遇春两人。《明史·徐达传》载：“寻拜（达）征虏大将军，以遇春为副，帅步骑二十五万人，北取中原。”

从明史记录的两人活动轨迹来看，这段时间，徐达主要的活动地点在济南和益都（青州），常遇春主要的活动地点在鲁西和河南，并没有驻足胶东半岛的记载。

相对于山东内地而言，当时的胶东半岛偏于一隅，并非战略要地，自然不需要主将亲自前往，负责攻取胶东的偏师，主要由傅友德（后封为颍国公）率领。

值得一提的是，傅友德攻取胶东的经历，对后世胶东姓氏也产生了一定影响，现在烟台龙口市北马镇楼子庄村的傅姓，族谱就记载为傅友德的后人，经过数百年的繁衍迁徙，这支傅姓现在广泛分布于胶东半岛的龙口、招远、芝罘（福山）等地。

除了傅姓之外，龙口一支胡姓也相传与朱元璋手下的将领胡大海有关，民间颇有胡大海北伐时的传说。但从明史记载来看，胡大海早在北伐前几年就逝去，并未参与攻取胶东。

三、进攻线路

刚才已经提及，在当时，胶东半岛并非主战场，因此战争烈度并不大。从史料记载的情况来看，徐达指挥的北伐军攻占益都、济南之后，胶东半岛基本是不战而降。

关于明军（北伐之初，朱元璋的国号还是“吴”，转过年之后，就正式建立明朝，为行文方便，以下都称作“明军”）攻取胶东半岛的具体行军线路，在《明太祖实录》当中有比较详细的记载。

1367年底（吴元年），徐达率军攻占益都（青州）。在当时，益都相当于元朝在山东境内的统治中心，益都失守，寿光、临淄、昌乐等县及潍、胶、博兴等州顺势而降。占领潍州（潍坊）和胶州之后，对明军来说，胶东半岛就已经门户洞开了。随后，“大将军徐达遣参政傅友德取莱阳”。

在史料当中，这条记载夹在朱元璋称帝的细节当中，这也算是北伐诸将给新皇帝的贺礼了。

下一条关于进攻胶东的记载是：“大将军徐达自济南复还益都，督诸将进取登莱各处州县。”也就是说，在攻取胶东过程中，徐达还是有点不放心，从济南又回到益都坐镇。

徐达虽然人没有到胶东，但此时他的威名早已传遍半岛，不少州县主动派人前来，表示归顺。史载：“大将军徐达至益都，元登州守将董卓遣都事鞠允中，莱州守将安然遣理问李荣，及福山等县官各奉图藉来降。”从记载来看，登州、莱州和福山是率先归降的一批州县，招远和黄县夹在登州莱州之间，登莱归降，两县应无坚守之理。

1368年正月伊始，伴随着“洪武”年号的使用，胶东前线又传来一个好消息：“元莱阳守将世家宝，籍其军马之数，遣佥院王世龙、都事唐宜等，诣大将军徐达纳款。”也就是说，在傅友德进军莱阳的同时，莱阳元军也正在准备归降了。

四、莱阳定，胶东安

在关于明军攻取胶东的史料记载当中，“莱阳”出现的频率相当高，这也很能反映出元末莱阳在胶东半岛的地位。

元代实行“行省制”，除了一开始的十大行省之外，在元顺帝时期，为了适应形势的需要，又划出很多规模较小的“行省”，胶东行省就是其中之一。

《元史·顺帝本纪》中记载到：“至正二十三年（1363年）三月，立胶东行中书省及行枢密院，总制东方事，以袁宏为参知政事。”关于这个胶东行省的驻地，《元史·百官志》记载为：“置胶东行省于莱阳”，即莱阳相当于元末胶东行省的“省会”。只不过这个行省存在的时间很短暂，后世对它的了解并不多。

正因为莱阳在胶东的“象征性意义”，当地元朝守将虽然已经向徐达送上降表，但傅友德并未停止进军莱阳城的步伐。

史载“洪武元年（1368年），上（朱元璋）御奉天殿，大宴群臣，三品以上者皆升殿。”而在此之前，参政傅友德兵至莱阳，世家宝（元朝守将）诣军门降。朱元璋这场宴会，心情应该挺不错。

明军攻取莱阳之后，胶东半岛其他还没有归顺的州县望风而降，史载“元宁海州守将方德、陈用，及文登守将马国宁等俱诣大将军降”，随后，“大将军徐达复自益都至济南”，因为莱阳归顺、胶东大势已定，徐达就从益都回到济南，把精力转向河南战场。

从明代史料的记载来看，明军攻取胶东半岛基本是兵不血刃，没有发生大的战事。当然，也不排除当时的史书为尊者讳，刻意没有记载普通百姓战火涂炭的细节。但在如今的海阳北部（元代、明代都属于莱阳），有若干村庄名称与战争有关，如郭城镇的战场泊村和阵胜村，尤其是阵胜村，当地村志的记载为“明将常遇春曾在此摆阵获胜，因此取名阵胜”。结合明代史料记载来看，常遇春摆阵应该是讹传，但即便有战事，规模也不会太大。

明军从胶东跨海收取旅顺

大连市旅顺口区，位于辽东半岛的最南端，与胶东半岛隔海相望，古人渡海北上，大多从旅顺口登陆。而旅顺口这个地名，实际上也来源于胶东和辽东两地之间的一次航行（旅行）。

关于旅顺口名字的由来，《旅顺口区志》记载道：“明洪武四年（1371年）七月，都指挥使马云、叶旺领兵从山东渡海至狮子口登陆收复辽东。此后，狮子口改称旅顺口。”

虽然史料没有明确说旅顺口就是明朝将领马云和叶旺命名，但与他们有关应该无疑，因此，这二人在旅顺历史上，也算是具有标志意义的人物。

在《明史》当中，马云和叶旺在列传中都有提及。根据记载，两人原籍都属现在的安徽，叶旺为六安人，马云为合肥人。

元末大乱，两人投入军中，隶属谢再兴的长枪军。后来，谢再兴反叛朱元璋，二人不从，回到朱元璋麾下。

此后，两人出征立有战功，并且又是出身淮右的从龙之士，因此很快升到了指挥佥事的官职。明洪武四年（1371年），两人接到诏令，率部从登莱北上，进军辽东。

原来，朱元璋北伐之后，虽然元帝退出大都，但漠北以及原辽阳行省仍在其统治之下。后来，驻扎盖州的辽阳行省参政刘益和平章高家奴，归顺朱元璋，金、复、盖三州名义上纳入明朝版图。

但辽东的元朝旧势力仍比较强，不久之后刘益被杀，元军进犯金州一带，守将向朱元璋告急。在这种背景下，朱元璋决定派遣马云、叶旺进援辽东。

《明史纪事本末》载，洪武四年（1371 年）秋七月，置辽东都指挥使司，以马云、叶旺为都指挥使，总辖辽东诸卫军马。马云、叶旺由登莱渡海，驻兵金州，很快击退元军的进攻。

关于马云和叶旺渡海出发的地点，正史中仅模糊记载为登莱，通常观点认为是蓬莱。蓬莱到旅顺有七十多海里，现在看起来很近，但在古代的航海条件下，平安到达也颇为不易。在闯关东的历史上，船覆人亡的事情多有发生。不过，马云和叶旺此次远征，一路顺风，在狮子口平安登陆，为了纪念这次旅途，狮子口遂更名为旅顺口。只不过，当时的旅顺口还未形成城镇，仅是一个海口而已。旅顺口以北的金州，是明初在辽东驻防的重心。

此后，马云和叶旺在辽东驻守多年，在他们的指挥下，辽东明军大败元将纳哈出，巩固了明朝在当地的统治，两人也因此由都指挥使升任都督佥事。

洪武十二年（1379 年），马云受命出征大宁，立功后被召回京城，几年之后去世，而叶旺则继续在辽东镇守。洪武十九年（1386 年），叶旺一度被调回京城，但不久之后辽东有警，他又被派回前线。两年之后的洪武二十一年（1388 年），叶旺去世。从洪武四年（1371 年）北渡，到洪武二十一年（1388 年）去世，叶旺前后在辽东镇守十七年之久，也称得上是封疆重臣了。

值得一提的是，此二人不仅在战场立功，并且在屯田垦荒方面政绩突出，史称："旺与云之镇辽也，翦荆棘，立军府，抚辑军民，垦田万余顷，遂为永利……辽人德之。"

一百多年之后，明廷仍未忘记两人当初的功劳。嘉靖初，朝廷下旨，命令地方建立专祠，春秋按时祭祀。专祠地点似乎不仅限于金州旅顺一带，锦州附近的广宁在历史上也曾存有。据《锦州府志》记载，广宁县有马叶二公祠，到了清代，祠堂虽废，但牌坊仍存。

孔有德与明末"登莱之乱"

在古代，胶东半岛偏于一隅，大的战事数量不多，明末清初是一个集中期。"登莱之乱"和"于七反清"都发生在这一阶段。本文要回顾的，就是孔有德与"登莱之乱"的细节。

一、导火索

明崇祯四年（1631年）八月，关外的大凌河之战爆发，皇太极率领后金主力围困大凌河城，守将祖大寿告急。明廷随即调兵遣将，准备增援。

增援有梯次之分，关宁（山海关、宁远）距离大凌河较近，率先派出援兵，但未能解围。于是，明廷开始从较远的地方征调兵力。驻骅山东登州的登莱巡抚孙元化，在接到朝廷调令之后，决定派遣麾下的游击将军孔有德率领军增援。

孔有德原系皮岛守将毛文龙部将。皮岛孤悬海外，明廷难以有效掌控，只能以高官厚饷羁縻。毛文龙的部属，私人军队性质浓厚，多数士卒只知有大帅（毛文龙），不知有朝廷。多年之后，孔有德以清朝定南王的身份攻取桂林，俘获张居正的曾孙张同敞时，曾被后者痛骂为“毛文龙家提溺器奴”，其与毛文龙之人身依附关系，可见一斑。

私兵的性质，养成了跋扈的习气。即便是在崇祯二年（1629年）毛文龙被袁崇焕以尚方宝剑斩首之后，其部下虽然人心惶惶，但跋扈本性不改。孙元化此前曾在辽东任职多年，认为辽人可用，因此在就任登莱巡抚之后，很快将流落登州的皮岛旧部毛承禄、孔有德、耿仲明、李九成等提拔为登州驻军的将领，为后来的“登莱之乱”埋下了伏笔。

以皮岛旧部为代表的辽人，在登州意常怏怏，颇有“寄人篱下”之感。虽然正史中没有详细的记载，但蓬莱民间有个传说，孔有德当年一度曾给登州大户人家放羊，受到鞭打之后一直存心报复，最终酿成“登莱之乱”。

放羊之说不可信，但辽人与当地人的“土客矛盾”，的确是“登莱之乱”的导火索之一。

崇祯四年（1631年）十一月，在朝廷和孙元化的催促下，孔有德一行，才在极不情愿的情况下整装出发。

从山东登州到辽西的大凌河，走陆路基本就是环渤海转半圈。孔有德所部刚走出山东，到达直隶的吴桥县（河北省沧州市吴桥县）时，这支军心不稳的队伍就出现了状况。

路过吴桥时，遭逢雨雪天气，孔有德所部粮草不济，士卒满腹怨气。有位小卒偷吃一位王姓大户的鸡，结果对方找到孔有德“怒诉”。此时的孔有德还颇为“正派”，将偷鸡的小卒鞭笞了一番。没想到，正是这次“吃鸡事件”，成了“登莱之乱”的直接导火索。

二、叛军回攻

二十多年后，清朝定南王孔有德被南明的李定国部围困在桂林，兵败将死之际，他发出感叹，大概意思是：并非一心做贼，误入军中，身不由己。

在吴桥兵变之初，孔有德的确多少存在“身不由己”的状况。根据登州府志的记载，鞭笞偷鸡小卒之后，全军哗然。他们多数人是为吃粮而当兵，普遍心态是“我们为朝廷卖命，脑袋别在裤腰带上，吃你几只鸡怎么了？”在这种情况下，先前被孙元化派去买马但亏空的李九成，利用士卒的怨气，“劫孔有德叛乱”。

关于叛乱之初，孔有德军队的人数，各种史料记载不一，有的称七百人，有的称三千众，总之，兵力并不强大。但一来，叛军背水一战，有恃无恐，且久经战阵；二来，山东巡抚和登莱巡抚态度游移，主张采用安抚政策，并未全力围剿，使得这支人数不多的叛军一路上接连攻陷临邑、新城等数座城池，大摇大摆回到登州，并且形成围攻之势。

每次读史至此处，颇令人难思其解。孔有德叛军起初不过数千，而登州城内兵力保守估计过万，以数千之兵力，为何能围攻万人防御之府城？推测之下，很有可能是明末民不聊生，叛军自吴桥返回登州途中，一路裹挟饥民，使得人数快速膨胀，与登州守军旗鼓相当，而气焰正盛，因此能以少围众。

三、登州陷落

莱州、登州两府，就规模（人口钱粮）而言，在明朝中前期，莱州更大。但在明朝末年，随着登莱巡抚的设立，登州的政治军事地位陡然提升，并且发往辽东的粮饷和货物都在此转运，因此登州一时之间，成为整个山东颇为亮眼的一座府城，史称“登之繁富，遂甲六郡”（山东当时总共只有六个府）。

但在整个“登莱之乱”过程中，登州的表现让人大跌眼镜，而莱州则战斗英勇，以至于此后胶东半岛流传这样一句话："纸糊的登州，铁打的莱州"。

登莱巡抚孙元化事后被明朝论罪问斩，他在此次战乱中的表现，的确很不称职，一直以招抚政策为主，直至兵败被俘。

崇祯四年（1631年）十二月二十日，孔有德叛军进逼登州城下，登州守军出战数次，皆不利。如果全力防守，叛军短时间内亦难有进展。可惜，登州城内的辽人都人心思变，孔有德派小分队潜入城中放火，留在城内的耿仲明等人很快发难，响应叛军，于是在崇祯五年（1632年）正月初三，登州陷落，距离叛军攻城，前后仅十余天。

登州陷落之后，城中百姓也遭到涂炭，死者众多，在《蓬莱县志》中记载了大量忠于明朝的殉节者，其中以世袭登州卫军户居多，如金姓指挥使，城破后杀身成仁，耿仲明平时与他交好，为其收殓；又如蒋姓指挥佥事一门数人，都死于此战，蒋姓原为登州城内大姓，至此逐渐式微。还有很多登州望族，为躲避战祸，纷纷迁居乡下。后来，明军虽然收复登州，但登州城元气已伤，清代数百年中未能恢复，城市规模始终有限。

四、孔有德的布局

孔有德叛军攻占登州之后，有四种进军路线选择。

登州位于胶东半岛北海岸线的中段，东可至福山、宁海、文登，北渡海可至旅顺，西向经黄县、招远可至莱州再入山东内地，南翻山则入栖霞境内。

就当时的形势来说，西向攻莱州，据胶莱河天险而守之，进可威胁山东内地，退可划河自守，割据胶东而称王，为上策；东向、南向收取登州属县，积累兵马粮饷，以逸待劳，等待明军来攻，为中策；放弃登州，舍弃辎重，北渡海至辽东，虽然可以避免明军征讨，但好不容易得到的登州钱粮，不战而拱手让人，且后金方面态度不明，容易骑虎难下，因此为下策。

从行军路线来看，孔有德以主力向西进逼莱州，以偏师进攻福山，在战败之后，弃登州而渡海北上，似乎是上中下三策并举。

据登州府志记载，叛军率先派军攻打黄县，黄县距离登州府城近在咫尺，城小兵弱，抵抗两昼夜之后陷落。黄县陷落，招远闻讯投降，叛军不到半个月之内，连下三城，气焰颇为嚣张。

不过，幸好在东面的福山方向，叛军进攻不利，未能攻下县城，使得胶东半岛东部的人力物力未被叛军所用。客观上，削弱了叛军的实力。

就战略意图来看，虽然孔有德最后北渡海投降后金，但他最初的打算，应该是仿效毛文龙割据皮岛一般，划胶莱河为界，以胶东为地盘，做一方军阀而已。向西进攻莱州，一来是为了控制进入胶东的通道，以此自保，二来是向明廷施加压力，增加谈判筹码。不过，当时明朝实力尚存，又迫于言官尤其是胶东籍言官的谏诤，最终下定主意，弃抚而剿。

五、莱州攻防

崇祯五年（1632年）二月初三，叛军攻至莱州城下。

当时的莱州城内，虽然有山东巡抚和新任登莱巡抚两位封疆大吏坐镇，但莱州军储不如登州，叛军又接连取胜，气焰正盛。攻守之势，相比之前的登州，压力更大。

当时明军精锐都在边塞，前来增援莱州的军队，大多从山东内地调来，战斗力有限，意志力亦不足。多位副将、总兵率领部署在昌邑逡巡，不敢渡胶莱河而撄叛军之锋。

东线福山方向和北线旅顺、天津方向，明军都组织过进攻，但均损兵折将，无功而返。

所幸的是，莱州城内，军民齐心抵抗，叛军始终未能攻下城池，为明廷调遣精锐赢得了时间。

半年之后的崇祯五年（1632 年）七月，久攻不下的叛军使出诈降的诡计，将新任登莱巡抚谢琏和莱州知府朱万年骗出城外软禁起来。两人不屈，朱万年在莱州城外就被叛军所杀，谢琏被送到登州府之后，亦被李九成所杀。

朱万年殉难之日，恰好为七月初七，为纪念这位铁骨铮铮的知府，莱州府形成了“七月初七初六过”的民俗，延续至今。

六、关宁铁骑

孔有德叛军在此前连战连捷，气焰嚣张，曾声称：“虽关宁铁骑至，能奈我何？”

一语成谶。连续丧师失地之后，明廷下令，从防御后金的前线抽调关宁铁骑，开往山东平叛。

这支关宁铁骑不过四千八百人，兵力虽然不多，但都身经百战，战力十足。值得一提的是，在援军当中，还有吴襄吴三桂父子的身影，后来叱咤风云的吴三桂，当时只不过是一位年轻的偏裨而已。

崇祯五年（1632 年）八月，前来增援的关宁铁骑进至莱州沙河，与孔有德叛军遭遇。一场大战下来，叛军大败。援军从沙河追至莱州城下，叛军连夜拔营撤走，长达半年多的莱州之围遂解。

援军乘胜东进，很快收复招远。当月底，援军进至黄县北马，叛军号称十万之众，在松林中设伏，围攻关宁军。关宁军奋力拼杀，再次击败叛军。北马大捷之后，叛军夺气，逃回登州城内，开始被明军围困。

七、渡海而逃

此一时彼一时，叛军被困在登州城内之后，当初向北渡海的下策，在新的形势下，也成为上策。

崇祯五年（1632 年）十一月，叛军首领李九成（叛军攻克登州城后，推举李九成为首，孔有德次之，耿仲明又次之）出战，被明军斩杀。在此之后，孔有德等人已无战意，筹划渡海北逃。

从登州到后金控制的辽东区域，中途需经过长山列岛和旅顺。为防止叛军逃窜，旅顺守将黄龙先后派兵加强隍城岛和旅顺口等地防御。崇祯六年（1633年）二月，孔有德、耿仲明、毛承禄等人相继乘船渡海北逃，中途遭到黄龙所部拦截，伤亡颇众，毛承禄等人被斩。孔有德、耿仲明登岸后，投降后金，随后，广鹿岛守将尚可喜也投降。此三人，也成为清军入关后的“三顺王”。

孔有德逃走后，余部在登州城内仍负隅顽抗，登州府志记载，最后有一部分叛军退入蓬莱阁内，官军树起招降旗帜之后，才有部分人放下武器，除此之外，自缢及投海而死者甚众。

至此，历时一年有余的“登莱之乱”落下帷幕。

八、结语

单纯就战争烈度而言，明军平定“登莱之乱”的过程，或许规模不如明末清初其他战事。但其影响，颇为深远。

在此之前，明朝构建海陆两大防线对抗后金，关宁防线抵挡后金正面进攻，登莱及辽东海上防线，威胁对手背后。“登莱之乱”后，明军虽然收复胶东失地，但元气大伤，登州作为辽东前线的后勤基地的作用大大降低，此后数年，辽东诸岛相继失陷，海上防线基本瓦解。消除后顾之忧的后金，可以集中全力，从正面进攻关宁，这也为崇祯后期松锦大战的结局又埋下了伏笔。

此外，孔有德叛军投降时，携带了大量的西式火炮，大大提升了后金军队的装备和战斗力，改变了其原本不擅攻坚的状况。再者，孔有德率领成建制的汉人军队投降，也开启了明末清初的投降潮，此前投降者，大多实力有限，尚未形成风气。而此后数十年间，统领大军而归顺清军者，比比皆是。

从以上意义来看，“登莱之乱”很大程度上，影响了明末清初的历史走向。

清军攻打“栖霞于七”之战

历史上的于七起义，共有两次，第一次是在清顺治五年（1648年），第二次是在顺治十八年（1661年）。时间不同，清廷的态度亦有变化。

第一次起义时，南明势力尚强，清廷的主要力量用在征讨南方上，对胶东的于七采取羁縻策略，由登州知府张尚贤出面招抚，授予于七栖霞把总一职。而第二次起义时，清军已平定云南，腾出精力，因此对于七的态度也转为强硬。不仅战争过程中，未见有尝试招抚的记载，并且探究渊源，第二次起义爆发的本身，也与清廷对于七的高压政策有直接关系。

根据史料记载，于七之弟于九与莱阳的宋彝秉原本只是产生了普通的私人纠纷，但宋彝秉却到兵部上告于七谋反，此举颇有公报私仇的诬陷意味。但清廷似乎不容于七辩驳，随即派官兵到其家中搜捕，时于七外出，其家人恼怒官兵蛮横态度，挥刀杀之，于七闻讯，遂不得不反。

一、战争的阶段

于七第二次起义，大致可以划分为三个阶段。

顺治十八年（1661年）春到当年十月，为初始阶段，于七此时主要以牙山为根据地，四处派人联络旧部，寻找同盟，当时清军主力未开入胶东，地方驻守部队无力进讨，双方大致处于相持状态；从当年十月开始，于七方面开始主动进攻，福山、宁海、文登、大嵩卫等地，均有于七义军围城的记载，此时算是第二次于七起义的高潮阶段，而清廷在命令地方防御的同时，派遣生力军向胶东开拔；到了当年年底（十二月），清军主力进抵胶东，兵临牙山脚下，于七方面开始以防御为主，坚持数月之后，牙山破，于七走，战事落幕。

在以上三个阶段当中，第一第二阶段，于七具有一定的主动权，而第三阶段，只是被动防御。因此下一环节讨论之“于七的布局”，主要是分析他在第一第二阶段的举动。

二、于七的布局

后世提及这段战事，多称之为“于七起义”，亦有人称之为“清初胶东农民起义”。但严格分析，农民起义一说，不甚严谨。

因为就出身而言，于七并非农民。史载，于七为栖霞唐家泊人，为明崇祯年间武举。民间亦有传说其家世颇有背景，乃至与登州戚继光家族有关。传说暂无法考证，但综合史料推断，于七家族当时为栖霞乡里望族，应无疑问。

此外，于七第一次起义被招抚后，曾长期担任栖霞把总一职，与地方士绅多有往来，可视为同层次之人。且第二次起义的导火索是保全自身，与饥民揭竿并不相同。明末清初，风云变幻，地方实力派时而降清，时而归明，此常有之事，比如明朝总兵姜瓖、金声桓等降清数年后，又先后举兵反清，因为清军入关之初采取高压政策，当时的反清举动，多被视为“义举”或“反正”。于七第二次起义，似更接近此范畴。

刚才提及于七出身胶东地方望族，又有第一次起义的队伍基础，因此其旧部故友，当时遍布登州府辖下州县。顺治十八年（1661年）春，于七发动起义之后，率众入牙山，尹应和、尹秉艭父子很快上山跟随。而邢小泉、常和尚、段忠续、徐海门、徐耀门等也先后响应。

值得一提的是，在此阶段，于七的主要精力放在联络盟军上，似乎并未提出起义口号。从史料记载来看，于七虽然是明朝武举出身，但其发动的两次起义均未见到“反清复明”一类的口号，因此清廷方面不称之为“伪”（当时对南明势力多称“伪职”），而称之为“贼”（古代统治者对民间起事者的常用蔑称）；南明方面也未见授予于七官职称号，不视之为同心恢复的“义师”。

就整体的战略布局来说，缺乏明确的政治口号，是于七的一个失策。以郑成功和其他南明将领为例，因为以“反清复明”为旗帜，江南部分士绅阶层就成为潜在的支持者。当时的情况是，只要南明军队在野战中取胜，相邻州县大多是望风归顺，据城抵抗者甚少。而于七起义，所部攻打胶东州县，多数地方都缨城固守，栖霞、莱阳等地士绅虽然多与于七相熟，但真正参加其抗清队伍的，少之又少。

以事后复盘的视角来看，当时南明在云南的势力虽然基本瓦解，但东南沿海郑成功、张煌言尚存，彼之舟师，时常活跃在闽浙。倘若于七以“反清复明”为号，据胶东海口而与闽浙气息相同，清廷至少会有所顾忌。然而此举未行，使得于七在没有外援的情况下，独自与实力倍己的清军作战，最终失利。

在经过约半年的准备之后，顺治十八年（1661年）的十月，于七方面开始主动出击。根据《登州府志》记载，于七“遣邢小泉寇福山”“常和尚寇文登、围宁海”“徐海门、徐耀门等犯大嵩卫”。

记载中用的“遣”字，说明于七并没有离开牙山，出征者为其部将。考虑到古代交通通信不够便捷，于七坐镇牙山，显然难以指挥到百余里外的战斗。这从侧面也能反映出，以上起义军将领，与其说是于七的部将，不如说是他的盟友。

以上不同队伍虽然各有数千人，但并无统一指挥，没有形成强大的合力，因此在上述攻城战斗中，守城清军人数虽不及义军，但义军一方均未获成功。

于七麾下队伍战斗力如何暂且不论，在进攻方向选择上，亦非上策。

众所周知，胶东半岛三面环海，仅西侧与内陆相接。在海运不发达的古代，从陆战兵法来看，属于“绝地”，利攻而不利于守。当年捻军进军胶东，李鸿章一度筹划凿开胶莱运河，画地为牢，将捻军隔绝在半岛一隅，然后重兵从西侧推进，逐捻军下海。这一方案虽然因为捻军从胶莱河口突围而破产，但就思路来说，反映出地理因素对于胶东攻守形势的影响。

因此，对于七而言，固守牙山，等待清军围攻，并非明智之举，尤其是在外无援军的情况下。以复盘的视角来看，上策为沿胶东半岛海岸南下，经胶州，趋沂、海，窥苏、浙，联络海上南明势力，共取江南；中策为向西进军，收取莱阳、掖县、沙河，切断内地往来半岛之通道（大致走向为后来的烟潍公路），阻遏清军主力增援，以胶莱河为天险，固守胶东以待天下有变。

当然，以上选择是站在今天的视角做出的判断，以此来要求古人，未免有些苛责。第二次起义时，于七为被动而发，难以做出远景分析，也在情理之中。并且，前文已经提到，响应于七者虽多，但未必直接听从于七指挥。以于七牙山本部之数千兵力，想要实现上策和中策，显然是巧妇难为无米之炊。坐守牙山，其实也是一个无奈的选择。

三、双方兵力对比

在冷兵器为主的时代，兵力多寡是决定战争胜负的主要因素。那么，在这场战争中，清军和于七的对比如何呢？

正史中并没有记载于七义军的人数，从侧面的描写来推测，各处攻城部队大概就是数千人的规模，其中在牙山本部的，最多也应不过三千。

前来攻打于七的清军有多少人呢？《登州府志》记载，于七起兵之后，“顺治十八年（1661年）十月，朝廷命靖东将军济席哈率舒穆图喇等及总督祖泽溥统领各路兵会剿。”

济席哈，出身满洲正黄旗，属富察氏。在顺治朝中后期，他已经算是八旗中的一员宿将。据《清史稿》记载，顺治九年（1652年），他被授正红旗蒙古固山额真（都统），多次参与进攻南明战事。就在顺治十七年（1660年），他刚刚随军南下，攻取云南，只不过当时还有其他主将。转过年来，于七起义爆发，这次济席哈独当一面，被授予靖东将军一职，率军向东开拔。

清代初期，八旗都统出征，主要带领本部兵马，一个旗的编制大致是七千五百人左右。算上其他临时调配给济席哈的军队，他带来的直属兵力，估计在万人左右，这已经相当可观，因为当时八旗总兵力亦不过十多万人，史上也一直流传有这种说法：“女真不满万，满万不可敌。”

除此之外，当时山东总督祖泽溥麾下大约也能掌握两万人左右的绿营兵。去掉山东内地驻防兵力之外，可以派去攻打于七的人数估计在一万人以上。两者合计，从内地增援胶东的清军应该在两万人左右。

两万对三千，这大概就是在牙山攻防战中，清军主力与于七本部的兵力对比。兵法云：“十则围之”，因此在清军主力进入胶东之后，双方很快就进入了牙山攻防阶段。

四、牙山攻防战

根据《莱阳县志》的记载，清军主力进入胶东的线路，是从昌邑掖县交界处渡过胶莱河，然后由掖县转向莱阳，由莱阳进军栖霞。

栖霞、莱阳为于七根本所在，当时民间盛传栖霞、莱阳民心已变，因此清军开到掖县时，就打算在两地大肆屠戮，幸好有好心人提前回莱阳报信，且莱阳知县拼命力保，清军方有所收敛，县志称：“东过南务始开刀。”

莱阳县城免遭兵祸，而栖霞县城则未能逃过此劫。《登州府志》载，“济席哈抵莱阳，图喇率兵七百，疾驰至栖霞，获城中从贼者三百余人。”这三百人的下场，可想而知。

在清代《栖霞县志》中未有于七占据县城的记载，或许是讳言之。从七百和三百这个人数对比，也能看出，双方的总兵力应该都不大，比预估的“两万对三千”的人数，很有可能还要少一些。

控制莱阳和栖霞县城之后，清军就成功地切断了牙山上的于七与外界的联系，使得于七的兵员和粮食难以得到补给，最终难以支撑。

史载，顺治十八年（1661年）十二月，清军主力云集列营牙山脚下（现栖霞市桃村镇有村庄名字就叫营盘），于七凭险据守，正式开启牙山攻防战。

战事的经过，正史没有详细记载，民间则流传着版本丰富的传说，相传清军曾在牙山正面强攻，但遭到于七痛击，死伤很多，血流之牙山东南方向一处地方，后人称之为“血灌亭”（接官亭村）。

正面进攻不利之后，清军转而采取围困战术，其兵力分布为：主力列阵于牙山正面，保持对于七义军的压力；另外在牙山西北方向布置哨所，防止于七从牙山后身突围。牙山的北麓和东麓皆有大山，即便突围也影响不大，而牙山西北方向可通往栖霞县城，因此清军在此设卡。以上布局，在如今的栖霞地名中也有体现，唐家泊镇境内，有上哨、下哨、后哨三个村，名字中的哨字，根据记载，就与当年清军在此设置哨所有关。

相持两月之后，于七义军粮草难继，《登州府志》载：康熙元年（1662年）春，于七溃围逃走，尹应和父子被斩，余众悉降。牙山攻防战，以于七义军失利结束。

于七突围之后，就此失去音信，民间相传他隐居崂山为僧，并创下了一套螳螂拳，传于后世。

胶东其他地区的义军，如昆嵛山、招虎山等，因群龙无首，也很快被清军偏师平定。持续约一年的第二次于七起义，就此告终。

五、结语

从这场战争的复盘来看，其实是一场双方实力很不对等的较量，天平从一开始就向清军倾斜。限于时代、通讯以及心态等因素，被动起义的于七，难以做出最佳战略选择，或者说，即便做出最佳战略选择，恐怕也难以取胜。

但面对大兵压境的情况，于七能坚守牙山两月有余，不走不降，在明末清初，降将多如牛毛的情况下，已属难得。勇气毅力，着实非凡。数百年之后，胶东民间仍广泛流传他的故事，当地人对他的敬佩态度也可见一斑。正如太史公所言：寓论断于叙述也。

明末清初两次“孙受保卫战”

从青岛莱西的市区出发，向西走到大沽河畔，然后沿河南下，走大概三十里路，就会来到一个叫作“孙受”的地方。

孙受是一个自然村的名字（现在分为好几个行政村）。根据莱西地名资料记载，明洪武年间，有一位姓孙名受的人迁至此处建村，后世就以人名作为村名。后来，一度以此为驻地设立孙受镇，不过前几年孙受镇合并至沽河街道，孙受又重新成为村。

如今的孙受，宁静地矗立在大沽河畔，而在数百年前，这里却曾硝烟弥漫，一位明朝忠臣在此留下了一段可歌可泣的事迹。

这位忠臣的名字叫作“沈迅”，明末进士出身，在《明史》中有传，且与同乡宋玫在同一列传中。传称：“宋玫，子文玉，莱阳人。沈迅，亦莱阳人也。”

不过与宋氏久居莱阳不同，沈氏迁来的时间较短，到沈迅这一辈，其实仅过了三代。关于沈迅家族的渊源，老莱阳县志中有比较详细的记载：“沈氏，贡士梦麒之族，其先登州卫人，自梦麒兄弟徙，居九区我乐村，再迁孙受镇。崇祯间有进士沈迅，后移於沈家庄。”（沈家庄距离孙受很近）

上述提到的沈梦麒，是沈迅的祖辈。从其先登州卫人这段记载推测，沈氏先人很有可能是明初从外地迁到蓬莱的军户。卫所在外地通常都有军屯地，或许沈氏就是因此从蓬莱迁到莱阳的。

沈氏为书香门第，从沈梦麒到沈迅祖孙三代都在科甲有名，沈迅更是考中进士。

然而，沈迅踏入仕途时，明朝已经步入风雨飘摇的境地，内忧外患，大臣党争。沈迅先后担任北直隶新城县知县、刑部主事、兵部郎中、兵科给事中等官职，其中的兵科给事中为言官，在此任上，沈迅牵涉政争当中，受到波及，告假回乡居住。等到崇祯皇帝准备重新起用他时，甲申之变发生，沈迅还没有赴任，京师就已陷落。

值得一提的是，在甲申年之前的癸未年，阿巴泰率清军入边，在山东大肆攻略，胶东半岛也深受其害，莱阳、栖霞、宁海等地先后失陷，官民殉难众多。而当时回乡居住的沈迅与弟沈迓，在孙受设寨据守，打退了清军的进攻，保全了当地百姓安全。

光看史料文字，或许没有直观感受，如果实地到孙受村附近转转，就会体会到沈迅的不易。

孙受地处河畔谷地，周边无险可守，所谓设寨，应该只是土墙做的圩子。明末火炮等热兵器已经逐渐推广，在这种情况下，沈迅能够坚守成功，很是不易。尤其是再考虑到实力对比，清军为正规军，而沈迅所部只是民间团练，兵力充其量也只是千余人。

沈迅本人是进士出身，属于文臣，在防守中主要是坐镇指挥。而率领部众冲在一线杀敌的，是他的弟弟沈迓。

沈家是书香门第，沈迓本身也是廪生，但同时也武艺高强，根据史料记载，他力大无比，能在马上挥动百斤铁杵，因此第一次孙受保卫战的胜利，沈迓应该有很大的功劳。

孙受保卫战虽然取得胜利，但明朝大厦将倾，孤忠难以挽回大局。癸未年之后的甲申年，崇祯皇帝自缢，清军入关。

清军入关后，一时之间对南方地区鞭长莫及，但对于京畿区域的山东，则很快建立起有效统治。此时的莱阳县，虽然已经是清朝辖区，但沈迅仍以明朝遗臣自居，在孙受寨中，誓不剃发。

对此，清朝官府如临大敌，由登莱巡抚率领大军前来攻打孙受寨。与上一次相比，第二次孙受保卫战双方实力对比更悬殊。然而，寨不可守但气节可守，寨破之日，沈迅慨然自焚，全家殉难者有二十七人，时间是南明隆武二年（1646 年）、清顺治四年（1647 年）。

而武艺高强的沈迓，在战斗中突围，一夜策马驰出二百里，但因为不辨方向，误入清军在东海屯营区，被俘送至济南后遇害。

在清朝初年，官方对沈迅的事迹比较忌讳，史料记载不多。而到了乾隆年间，朝廷为明末殉难大臣追赠谥号，不少莱阳人如左懋第等，都得到了正式认可，沈迅被追赠“节愍”（一说烈愍）的谥号，沈迓也得以入祀忠孝祠。

沈迅殉难百余年之后，清代中期著述的《池北偶谈》也记载了一件与他有关的怪异传说。相传，有一日，沈家的雇工在地里锄田，“见禾叶上皆有篆书，如虫蚀者，其文曰：‘沈迅死’。”就在这一年，第二次孙受保卫战爆发，沈迅殉难。

这种怪异的传说自然无法稽考，但沈迅为明末忠臣这一点，是可以肯定的。

清初招远“魁星楼兵变”始末

清顺治十八年（1661年），迫于形势所逼，一度被清廷招安的栖霞人于七，再次举起了反旗。一时之间，胶东大震，多个州县都有响应者。

招远县为栖霞西邻，于七起兵的消息，很快就传到了当地。为了以备不虞，时任招远知县张作砺下令，分驻境内四乡的“乡总”（民间团练首领）率众入城协助防守。

据清顺治本《招远县志》记载，招远县有四乡四十八里，四乡分别为会仙乡、良山乡、灵山乡和黄山乡。在口头习惯上，以东西南北的方位代称。每乡都有团练，各设乡总。当时进入招远城的四个乡总分别是东乡石崇金、西乡刘二揣、北乡欧明显、南乡臧梦麒。

于七在第一次反清被招安之后，曾担任栖霞把总一职，也是地方上的头面人物。胶东不少人士都与他有交情。招远四位乡总当中的欧明显，就与于七方面有所来往。

在于七起兵之初，清朝驻扎登莱的兵力不足，外地援军也没赶到，形势因此并不明朗。欧明显见状，有些心动。加之他与南乡的乡总臧梦麒存在个人恩怨（两人一直彼此不服，此前到平度执行任务时，欧氏嫉妒臧氏，故意把他放到危险位置），也想趁乱与对方做个了断。于是，他暗中联络东西两乡的乡总，约定在当年的腊月二十二日举事。地点选在了招远县城的魁星楼下，因此亦可谓之“魁星楼兵变”。

按照《招远县志》中的地图示意，魁星楼的位置在县城的东南角上。楼上有魁星阁，主要是纪念宋代罗峰镇籍状元王俊民。如今在招远市区，还有魁星路和魁星公园，名字也是从此而来。

言归正传。欧明显的原计划是四乡人马齐集魁星楼下，自己与盟友以众击寡，突然发难，擒住臧梦麒和他的弟弟。魁星楼为县城一大制高点，只要捉住臧梦麒兄弟，控制城垣，招远县城就尽在他的掌握了。

这一计划构思不错，不过，在前期准备过程中并不顺利。首先，东乡的石崇金不答应入伙，只有西乡的刘二揣同意，这样在人数上，欧氏一方并没有绝对的优势；其次，举事的关键在保密，但欧明显的计划却很快走漏了风声。臧梦麒和招远乡绅杨柱通过各种渠道获知消息后，几乎在同一时间来到招远县衙，向知县报告此事。

因为招远城中并无多少正规军，在权衡利弊之后，招远知县决定先稳住对方。他一面派老成持重的杨柱前往魁星楼劝说欧明显，一面让臧梦麒招呼人马暗中准备。

腊月二十二日黎明时分，欧明显和刘二揣按计划来到魁星楼下，但却没有见到臧梦麒和石崇金的身影，外人只有杨柱到场。欧明显大怒，拂袖而去。杨柱跟着他来到了东门附近，一路游说不止。

杨柱的大体意思是：欧乡总请放心，知县张大人对你是信任的；臧梦麒识趣，不敢惹你。你大人大量，不要疑心，别与他一般见识。欧明显本想在魁星楼下出奇制胜，此时先机已失，对方显然也有准备，硬拼无十足把握。无奈之下，他只能接受杨柱的调解，在后者的带领下来到县衙。当着知县的面，欧明显与臧梦麒握手欢笑，以示冰释前嫌。

魁星楼兵变虽然胎死腹中，但欧明显的人马还在城中，招远知县张作砺仍不敢大意。他打探到清廷从青州派遣援军去往栖霞的消息，决定利用外援解决对方。

大约一个月后，次年的正月下旬，清军大部队到达招远。张作砺以地方官的身份，带领麾下四大乡总出城迎接。在城东一个叫作“七里泉”的地方，张作砺突然发难，命人将欧明显和刘二揣绑了起来。招远局势就此平稳下来，在于七第二次反清期间，并没有遭受战祸。

李鸿章与“胶莱河防线”

在晚清的胶东历史上，有一个军事典故的名字叫作“胶莱河防”。

它用现代的白话来说，就是胶莱河防线的意思。古人习惯四字称呼，因此在史料当中，多以“胶莱河防”的形式出现。

“胶莱河防”典故发生于清代同治年间，与此相关的人物就是李鸿章，背景是捻军进入胶东，李鸿章为将捻军困在半岛，因此想到这一计策。

如今作为胶东半岛地理分界线的胶莱河，始于元代开凿，其本意是用来运粮的。不过，因为成本较大、效率较低，元明时期实际并没有大规模使用，清代之后，更形同废弃。然而到了清代后期的同治年间，长期被外界忽略的胶莱河，因为捻军入境而军事意义陡增，在一时之间成为清廷上下讨论的焦点。

李鸿章关于“胶莱河防线”的构想，在他的《筹办胶莱扼剿事宜疏》中有比较详细的记载。

在奏折中，李鸿章认为捻军机动性强，如果在辽阔的中原地区围剿，则官军疲于奔命，难有效果。因此只有“兜围”一招可行。

所谓“兜围”，可以理解为围捕猎物。即提前设下陷阱，将猎物往陷阱方向驱赶。胶东半岛三面环海，一面临河，在古代水路交通不方便的情况下，属于一个天然的“陷阱”。按照李鸿章的构想，只要捻军进入胶东，清军在胶莱河以西布防，就可以将对方困死在半岛一隅。

这一战略，本质上是弃车保帅，以胶东半岛为诱饵，保存中原内地。用李鸿章奏折上的话来说就是：“与其驰逐终年，流毒江皖东豫楚各省，不如弃一隅以诱之。”

如果只是从单纯的军事角度来看，这一计策确实还算高明。但倘若加入地域情怀，人们对此就褒贬不一。山东人，尤其是胶东人，对李鸿章这一策略肯定颇有微词。

从史料记载来看，时任山东巡抚丁宝桢起初对“胶莱河防”并不认同，因为胶东半岛属于他的辖区，把捻军长期围困在此，这一“不良资产”就始终挂在他的“账上”，朝廷中枢对他的印象，山东子民对他的评价，都会大打折扣。并且打仗打的是钱粮，战事长期在山东境内，地方也肯定消耗不起。因此，史称：“丁宝桢一意欲驱贼出境，与公（李鸿章）意见不合。”（《李文忠公别传》）

丁宝桢常驻省城，尚且对“胶莱河防”有意见。而首当其冲的胶东人，自然对此更不满意。据《清实录》记载，当时贡生张垚等就联名到都察院告状，指控前线将领放任捻军荼毒胶东。无奈，当时登莱两府，在中枢并无多少大员，黄县的贾桢虽然曾官至尚书，但主要活跃在道光、咸丰两朝，到了同治时期，他已经进入暮年。虽然没有看到关于他对此事的评价，但从当时的地位来看，他即便为家乡说话，恐怕也没有太大的分量。

而李鸿章亦有自知之明，他知道“胶莱河防”的观点，会让当地人不满，后来以大运河为防线时，亦有此顾虑。因此他后来在奏折中说：“地方虽受蹂躏，然受害者不过数府县之地；驱过运西，则数省流毒无穷。同是疆土、同是赤子，未便歧视……（但）臣何敢避迂缓之名。而不竭力经营。顾彼失此。贻误全局。”意思就是，虽然会招致骂名，但从全局考虑，还是如此建议。

同治六年（1867年）五月，捻军开始向胶东半岛进军。此时，清廷谕示：“登莱三面距海，贼如窜至，自可厚集兵力，步步进偪（逼），就地殄灭。”这就表明，中枢实际上已经认同了李鸿章的“胶莱河防”思路。

到了六月，捻军进入胶东。李鸿章麾下众军开始在河以西修墙驻守，“胶莱河防线”正式成形。《清史稿・李鸿章传》载：“贼由潍县趋窜登、莱。鸿章复议偪（逼）入海隅聚歼之，乃创胶莱河防策，令铭传、鼎新筑长墙二百八十馀里，会合豫军、东军分汛设守。”

从史料记载情况来看，胶莱河防线设立之初，的确起到一定作用。“（捻军）集莱阳、即墨间，屡扑堤墙不得出。”但清军内部派系复杂，李鸿章所部淮军与丁宝桢麾下的“东军”（时山东省尚未简称为鲁，公文中一般称为东省、东军）关系不睦，经常彼此拆台，难以形成合力。因此，捻军虽然短时间内难以突破防线，但清军亦无力渡河进攻，双方处在一种相持的局面。

从兵法上讲，在将近三百里的防线上被动防守，显然并非取胜之道。捻军经过侦查，选择北胶莱河入海口附近的掖县海神庙作为突破口。当年七月，北胶莱河口的防务由淮军潘鼎新部转给东军王心安部。就在后者阵脚未稳之时，捻军发动突击，突破防线，并一口气渡过西边的潍河，再次进入山东内地。史称：“扼守胶莱之策，竟成画饼。”

胶莱河防线失守，让清廷大为震怒，准备追究责任，一度下令将王心安在军前正法。不过，关键时刻，丁宝桢站出来为部下说法。他称：潘鼎新没有经过沟通，就强令王心安移到陌生位置，这才是致使捻军突破防线的关键。清廷中枢虽然恼怒，但追击捻军还需要双方出力，于是各打五十大板，王心安也逃过一难。

对此，《湘军志》称：“（潘）鼎新委罪王心安，诏斩以徇。宝桢争之，腾章相诋。诏和解之。”胶莱河防引发的这桩公案，就此告一段落。

五、典故

田横与田横岛

在青岛市即墨区的东南沿海，有个田横镇（街道）。田横镇因田横岛得名，而岛名又来自人名，即秦汉之际的名人田横。

田横与从兄田儋、兄长田荣，是秦末齐国故地上的风云人物，三人先后自立为“齐王”，与楚汉两强互有角力，虽然最终失败，亦不失为一方之豪杰。

尤其是田横，失败之后，率领五百壮士渡海逃到岛上，在刘邦的压力之下，田横入朝归顺，但为气节故，中途自刎，岛上五百人闻讯之后亦自刎。这段历史，也成为后世千百年来一直传颂的“义士”典范。田横岛的名字因此而来，并且在古代岛上曾有田横庙，依时祭祀。

关于田横岛究竟是哪座岛，史上曾有即墨说、海州说等不同说法，从史记的记载来看，田横先是投靠彭越，彭越被刘邦封为梁王之后，他才逃入海岛。从距离上说，海州（连云港）的岛距离梁地更近一些。但从渊源而言，海州的岛与田齐势力并无关联，骤然带领五百壮士逃到陌生岛屿，有些奇怪。而即墨是齐国五都之一，田横逃到距离即墨不远的岛上，更合情理。

相信很多朋友阅读史书至田横自刎一段，都会感慨万千，笔者亦然。但多读几遍，在感慨的同时，心中也会有疑惑。

所疑惑的并非是田横自刎，而是他当初为何选择逃到海岛，却不去往胶东半岛内地。

要知道，田横岛虽然是即墨海岛中之较大者，但全岛可容纳人口不过“千余家”（据《读史方舆纪要》），而胶东半岛东部的东莱郡，在汉代时有“十万多户、五十万余口”，虽然秦末汉初这一数字要低一些，可终究要比海岛一隅大得多。田横战败，想要东山再起的话，显然胶东半岛东部是一个更理想的基地。而逃到四面环海的岛上，缺乏补给，只能坐以待毙。

田横的选择，不禁让人想起秦汉之际另一位悲情英雄项羽。

从一定程度上来说，田横跟项羽有相似之处。项羽从垓下突围之后，来到乌江边上，亭长劝他：“江东虽小，地方千里，众数十万人，亦足王也。”项羽认为无颜过江东，于是在江边自刎。

田横虽然没有在战败之际就自刎，但他选择逃上小岛而非胶东腹地时，自刎的结局似乎已经注定。

项羽不肯过江东的原因，是因为无颜面对江东父老，那么田横不肯到胶东腹地的原因又是什么呢?

史料对此虽然没有明确记载，但从田齐的活动轨迹来看，也可发现一些端倪。

自从乐毅攻齐以来，田氏齐国在遭遇变故之后，往往选择向东逃，逃到高密、即墨（即墨故城，在现在的平度境内）一带就停止，不再向胶东半岛东部迁移。

不仅田单摆火牛阵时期如此，在秦汉之际，田齐势力也遵循这一轨迹。韩信袭破齐国历下军之后，齐王田广就东走高密，将军田概则驻扎到胶东（即墨）。汉军击败田概之后，齐国故境宣告平定。

田横逃到田横岛上，是在韩信破齐之后，此时整个胶东半岛自然已经在刘邦统治之下，这一点与江东之于项羽不同。

但胶东半岛远离齐国统治中心，田横如果率众迁到此处，收服人心，说不定可以徐图再起。

他之所以没有这样做，答案也很简单，田横很有可能提前做过判断，他收服胶东人心的可能性并不大。

根据史记的记载，作为田齐旁支的田横兄弟三人，是狄地人。根据史家的注解，这个“狄”指的就是现在淄博的高青县，如今高青县旅游也的确有“田横故里”的口号。

高青距离齐国都城临淄不远，也就是说，田横兄弟的势力范围，就在周边一带，在胶东地区并无基础。

再者，从历史来看，胶东半岛纳入齐国统治的时间相对较短，这里此前曾长期是莱国的地界。齐国灭莱之后，虽然将莱国西迁至莱芜一带，但显然会有部分势力留在故地。严格来说，灭莱国的是姜氏齐国，而非田氏齐国。但对于东莱旧部来说，他们都代表了齐国公室，忠诚度方面多少会打些折扣。

值得一提的是，无论是姜氏还是田氏主政，齐国都将即墨以东的胶东半岛视作偏远之地，是流放敌对势力的首选场所。比如，牟国封地本在内地，齐国将之迁到胶东沿海；莒国被灭之后，相传也被齐国迁徙到现在牟平一带（当地现在还有莒城的地名）；甚至田氏代齐之后，也将姜齐末代君主齐康公迁徙到“海上”，而这个海上，通常被认为是现在烟台市的芝罘岛。而如今胶东土著——乳山峒岭姜姓的族谱就记载，他们是齐康公的后裔。

因此，对于田齐来说，即墨以东，算是过去敌对势力的一个聚集区。在田齐强盛时，他们或许就口服心不服。在田齐衰落的时候，依靠他们作为后盾以图复兴，更是奢望。

了解这个历史背景之后，就多少可以理解，为何田横不入胶东内地而入海岛了。

盘点古代史上的“胶东王”

在青岛平度市古岘镇朱毛村附近，有一座“即墨故城”遗址。这个“即墨故城”与现在即墨城区的“即墨古城”并不相同。

即墨故城主要是汉代即墨城的旧址，而即墨古城复原的则是明清时间的即墨县城，两者同名不同址。如果查询资料的话，关于即墨古城的介绍，通常还会有这样的描述：“这是西汉时的胶东王城。”

顾名思义，“胶东王”是胶东历史上一个重要的爵位封号。古代的王爵，有一字和两字之分，一字王通常都是“国王”，封号都是采用古代国名，如秦齐燕赵等；而两字王一般是“郡王”，封号大多是郡的名字。在秦末，半岛地区设立“胶东郡”，胶东王因此而来。

根据史料记载，第一位“胶东王”是楚汉相争时期出现的。当时，项羽分封诸侯，将齐国一分为三，一曰齐王，一曰济北王，一曰胶东王。首位胶东王，是原齐王田市（田横、田横的侄子），他迁徙胶东之后，“都即墨”，这里的即墨，就是即墨故城一带。

齐国被一分为三，田荣和田横相当不满，但田市畏惧项羽，接受命令，悄悄前往胶东。田荣一怒之下，击杀田市，自立为齐王，也就是说，第一位“胶东王”存在的时间相当短。

汉朝建立之后，分封子弟为王，到了文景之际，“胶东王”这一封号又重新出现。汉高祖刘邦的庶长子刘肥被封为齐王，他的封地相当大。汉文帝继位之后，将齐国分为多个小王国，分别封给刘肥的儿子们，其中一个儿子刘雄渠就被封为“胶东王”。

然而刘雄渠这一系的“胶东王”也没有传下去，在汉景帝时，他参与吴楚七国之乱，兵败身死。

汉景帝将刘雄渠的胶东国收并之后，决定封给自己的儿子刘彻。刘彻被封为胶东王时，年仅四岁，因此一直留在长安，并未来到封地。而到他七岁的时候，汉景帝更易太子，刘彻完成从藩王到储君的逆袭，后来更是成为威名赫赫的汉武大帝。在登基之后，汉武帝多次东巡，来到胶东半岛境内，也算是弥补了当年被封为“胶东王”而未到胶东的遗憾。

刘彻被立为太子，汉景帝的另外一个儿子刘寄，被转封为胶东王，如今看到的即墨故城遗址，主要是就是刘寄时期的产物。刘寄一系的胶东王传承数代，王莽篡汉之后才被降为其他名号的公爵。

此后，在两汉之际的更始帝时期，他曾封麾下大将朱鲔为胶东王，但朱鲔“以为非刘宗，不受封”。

胶东王这个封号，与“胶东郡”息息相关，到了东汉之后，北海郡、长广郡、东莱郡成为胶东地区的主要区划，因此在魏晋南北朝时期，可见北海王、长广王等封号，而胶东王则鲜见于史籍。

等到了唐朝初年，“胶东王”这一封号又登上历史舞台。根据《旧唐书》记载，当时被封为“胶东王”的人，名叫“李道彦”。

李道彦的父亲，名叫“李神通”，是唐高祖李渊的“从父弟”（堂弟）。隋末李渊起兵之后，李神通也率众响应，多次出征，虽然胜负参半，但毕竟对开国有功，并且是李唐宗室，因此被封为淮安王。

而当时唐朝建立不久，李渊认为广封宗室才能巩固政权，因此“皇从弟及侄年始孩童者数十人，皆封为郡王”。李神通的儿子，在辈分上都是李渊的堂侄，也都封王，其中，作为长子的李道彦，在武德五年（622 年）被封为胶东王，他不少兄弟的封号也在胶东周边，如高密王和胶西王等。从唐朝初年的制度来看，李道彦似乎也只是遥领，并没有到胶东就藩。

而李道彦作为“胶东王”的时间也并不长，唐太宗登基之后，统治逐渐巩固，认为没有必要过多封王，因此改弦更张，将关系较远的宗室由王降为公，李道彦也在降封的行列。此后，“胶东王”之爵位在史书中再不见记载，也就是说，李道彦应该是历史上最后一位“胶东王”。

就史料记载的生平来看，李道彦立功颇多，也算一位有作为的“胶东王”了。

胶东藩封之“东莱王”

古代讲究“封建”（分封建国）制度，爵位有王、公、侯、伯、子、男等不同级别。其中以王爵最贵，要么分封同姓宗室，要么赐予大功之臣。

虽然都是王，但王与王之间也有高低之分。通常来说，一字王为尊，两字王略逊。前者的封地一般较大（国），后者就要相对小一些（郡）。

在胶东半岛历史上，常见的“王号”有两个，一个是“胶东王”，一个是“东莱王”。

提到“胶东王”这个封号，相信胶东半岛的朋友应该都很熟悉，西汉时期曾分封过“胶东王”，以即墨故城为都，传承数代，在半岛历史上留下了深刻的痕迹。

至于“东莱王”这个称呼，有的朋友或许就会陌生一些。实际上，汉代就在胶东设置了东莱郡，虽然当时没有“东莱王”，但后世在分封郡王时，通常会把东莱郡纳入封地。从晋朝到唐代，有不少人以“东莱王”的身份见于史书当中。

正史记载的第一位东莱王，名字叫作“司马蕤”，是西晋所封。司马炎受禅之后，有感于魏国宗室不振的弊端，于是大封宗室子弟为王。司马蕤是司马炎的弟弟司马攸之子，他原本出继辽东王爵位，后来被徙封为东莱王。在西晋末年的八王之乱中，司马蕤的弟弟司马冏（继承司马攸的齐王之位）也是主要参与者之一，司马蕤牵扯其中，后来被废。

到了南北朝时期，北魏又册封了一位“东莱王”，他就是元贵平。元贵平是魏太武帝拓跋焘的曾孙，到了孝庄帝时，血缘已经疏远，因此起初只是在朝中担任普通职务，后来才封王并出任大州刺史。不过，根据《魏书》等史料记载，元贵平虽然被封为东莱王，但并非整个东莱郡都是他的封地，实际上的食邑只有百户。与司马蕤相似，元贵平也牵涉到政争当中，未得善终。

继北魏之后的北齐，也分封了一位东莱王，不过这次不是同姓（北齐宗室为高姓），而是封给了异姓功臣。

山西人韩轨，跟随高欢起家，立有战功，且为姻亲，被封为安德郡王，其子韩晋明，改封东莱王。史载韩晋明好文学、有美名，比起前代的两位东莱王，算是不错的人生。

后来，北齐为北周所灭，北周又被隋朝取代，周、隋期间，未有东莱王的记载，到了唐代之后，又有一位“东莱王”出现，那就是唐太宗李世民的儿子李泰。

李泰是李世民与长孙皇后的第二子，颇受宠爱，此前被封为魏王，魏是大国封号，从魏王到东莱王，显然是一种降级安排。原因是李泰在夺嫡时失败，被贬出朝外。不过，李泰的东莱王当了没多久，就转封为顺阳王，后来又升为濮王。

唐代以后，东莱王这一封号就不见于史籍，宋、金时期，偶见“莱王”，但与“东莱王”已经不能画等号了。

三国管宁的渤海漂流记

公元223年，魏国黄初四年（223年），在辽东半岛和山东半岛之间的渤海海峡中，出现了一支船队的身影。在这支船队的乘客当中，有一位名人，叫作“管宁”。

管宁虽然是个历史名人，但很多朋友最早知道这个“人名”，并非是通过《三国志》，而是在中学的政治课本上。

在思想道德课程中，有一篇大概是教育人们“有恒心，不为外界所动”的课文，就引用了“管宁割席”的典故。管宁割席的主角是管宁，配角是华歆。前者淡泊明志，后者追求名利。虽然管宁割开席子，表示跟华歆不是一路人，但华歆一直敬重管宁。管宁这次横跨渤海的航行，就与华歆有关。

魏文帝曹丕的文采稍逊弟弟曹植，但同样也是一位“名士收集者”。当时，他下了一道诏令，让公卿大臣举荐“特立独行”（褒义词）的君子，到朝中任职。诏令下达之后，朝廷三公之一，时任魏国司徒的华歆马上想起了自己的老朋友管宁，就上表推荐。于是，朝廷下令，征召管宁。

管宁，原籍在北海国（郡）朱虚县，大致在现在的潍坊安丘、临朐一带。不过，东汉末年，天下大乱，管宁和同乡好友邴原等人，乘船过海，从山东半岛来到辽东躲避。

当时主政辽东的人是公孙度。他见汉祚将亡，渐有割据之心。而辽东地广人稀，想要发展壮大，招揽人才是必由之路。

根据《三国志》的记载，管宁在魏国正始二年（241 年）去世，时年八十四岁。而他渡海到辽东的时间大概是在东汉初平年间之后，算起来当时也有三十多岁的年纪，已经成名。公孙度此前在中原为官，应该对管宁有所耳闻。因此，《三国志》称：“（管宁）闻公孙度令行於海外，遂与原及平原王烈等至于辽东。度虚馆以候之。”

管宁在辽东这段时间，算是客居。而长期客居，也不是一件容易的事情，因为如果表现强势，就有喧宾夺主之嫌；过于弱势，则会有寄人篱下之感。从东汉初平年间开始，到魏国黄初四年（223 年）为止，前后约三十年时间，管宁在与辽东公孙氏相处过程中不卑不亢，保持着一定的独立性，公孙度父子对他始终比较客气。

此前几十年间，当初一同来辽东避乱的同乡，不少都陆续返回，但管宁安之若素。期间，曹操曾征召过一次管宁，但公孙度的儿子公孙康秘而不宣。

到了公元 223 年，中原王朝已经从东汉变成了曹魏，而主政辽东的人也换成了公孙康的弟弟公孙恭。公孙恭人如其名，较为文弱（后来被侄子公孙渊夺位），接到曹丕的诏书之后不敢违抗，准备礼送管宁出境。而洞若观火的管宁，也看出辽东形势不同往常，公孙恭弱而公孙渊强，日久必生乱。于是，管宁“遂将家属浮海还郡”，踏上了本文开头提到的跨海返程之旅。

如果把从东汉末年到魏国初年的这段时间，看作是一次大的渤海漂流记的话，那么，管宁这次归途，则是一次小的漂流，并且是真正意义上的漂流，因为船队在途中遇到了暴风天气。

这段经历在《三国志》的原文中没有记载，但裴松之的注中却有详细介绍。裴注载：“宁之归也，海中遇暴风，船皆没，唯宁乘船自若。时夜风晦冥，船人尽惑，莫知所泊。望见有火光，辄趣之，得岛。岛无居人，又无火烬，行人咸异焉，以为神光之祐也。”也就是说，管宁的船队在途中遇到暴风，其他的船都沉没，只有管宁乘坐的船安然无恙。当时夜黑风高，不辨方向，正在焦虑的时候，在船的前方出现火光，管宁的船向着火光行驶，来到了一个岛上。岛上没有居民，也没有火焰燃烧的痕迹，大家都很惊奇，以为是上天的庇佑。对此，魏晋时期的名士皇甫谧感叹道：“积善之应也。”意思就是说管宁是大好人，因此得到了善报。

除了传达出“善有善报”的理念之外，刚才这段漂流记也颇有史料价值。因为在汉代时期，山东半岛和辽东半岛虽然一直有船舶往来，但具体航行的细节却鲜有记载。通过管宁这段记载，可以大体窥见当时的航海状况。

根据《三国志·魏书·文帝纪》记载，曹丕下诏求贤是在初夏的五月份，志称：“夏五月，有鹈鹕鸟集灵芝池，诏曰：此诗人所谓污泽也。曹诗‘刺恭公远君子而近小人’，今岂有贤智之士处於下位乎？否则斯鸟何为而至？其博举天下俊德茂才、独行君子，以答曹人之刺。”

从时间上推算，从华歆接到诏书上表举荐管宁，到曹丕下令征召，再到诏书传到辽东，大概需要一两个月左右，管宁一行出发的日期应该在夏季的七月份左右。这样一个季节，还海上的确容易遇到台风。

管宁一行途中遇险，在火光的指引下停靠小岛才得以摆脱，说明在当时的跨渤海旅途，路线很有可能是经过长山列岛的逐岛航行，这也跟后世学者对于古代航线的推断大体一致。

经历海上风暴大难不死的管宁，回到老家之后，似乎更加坚定了看淡风云的心态。朝廷多次派人请他，他均婉言拒绝。

到了正始二年（241 年），皇帝由曹丕换成了他的孙辈曹芳，他的旧友华歆也已故去。此时的魏国朝廷，再一次下令征召管宁入朝为官。这次管宁没有来得及拒绝，就溘然长逝。淡泊明志的他，活到了八十四岁。

沙门岛为何在五代时成为流放地？

在《水浒传》以及其他描述北宋事迹的典籍当中，登州的“沙门岛”是一个出现频率很高的地名，并且这个地名很有“威慑力”，上至朝廷大臣，下至市井百姓，闻之无不色变，因为这里是当时有名的犯人流放地。

所谓“流放”，是古代刑罚的一种，在史书当中通常称作“徒流”或“配没”，简称“流”或者“配”。被判以“流刑”的人，要被强迫迁徙到上千里之外的边远地区集中看管。这种刑罚虽然艰辛，但毕竟可以免于一死，以皇帝处罚大臣多见，因为这既可以震慑群下，也不至于落一个“滥杀士大夫”的恶名。

同样是流放，不同的流放地点，也代表不同程度的刑罚。而在北宋时期，如果刺配沙门岛的话，那差不多就意味着是被判处流刑当中最重的一种了。因为就距离而言，沙门岛虽然不及岭南和琼、儋等州，但就条件的恶劣程度而言，却高出对方一等。岭南虽远，但毕竟是大陆；海南虽远，但毕竟是大岛。这两个地方，人口承载力较强，而沙门岛只是渤海当中的一块弹丸之地，可供耕作的田地有限，可供饮用的淡水不多，如果在古代流放到这里，吃饭首先就是个大问题（官方配给的粮食只够两三百人食用，而岛上的人通常远超此数）。也正因为这一点，沙门岛才成为北宋人闻之色变的流放地。

那么，沙门岛是何时如何被选为流放地点的呢？

查考史料，沙门岛作为流放地点，具有明显的断代特征，即唐朝时还鲜有记载，金元之后更无听闻，只有五代、北宋前后这段时间，沙门岛才在历史舞台上如此活跃，这到底是为什么呢？

从史料记载的情况来推断，将犯人流放到登州沙门岛，最初其实是中原王朝的无奈之举。《文献通考》中的一段记载，就很有参考价值："太宗以国初诸方割据，沿五代之制，罪人率配隶西北边，然多亡投塞外，诱羌、戎为患……时江南、湖广已平，於是罪人皆流南方。"

在唐代，朝廷流放犯人，多发配至岭南地区。然而进入五代十国时期之后，群雄割据，中原王朝只能控制黄河流域，岭南地区不属于自己的统治区域，发配犯人自然无从谈起。在这种情况下，它们只能退而求其次，将犯人发配到西北，正如上文所说的"五代之制，罪人率配隶西北边"。

然而，西北地区靠近党项、吐蕃，被流放的人往往会逃到对方境内，成为边患。因此，无奈之下，中原王朝只能另辟蹊径，这个时候，地处胶东海隅的沙门岛，就逐渐进入中原王朝的视野。

实际上，如果严格考究史料。在朱温篡唐之前，曾将“守司空兼门下侍郎、同平章事柳璨贬为登州刺史，太常卿张廷范贬为莱州司户”（《资治通鉴·唐纪八十一》）。朱温的势力范围主要是在中原一带。这段记载也意味着在他眼中，登莱已经算是边远之地，更不用说登莱海外的沙门岛了。

根据《读史方舆纪要》的记载，在五代时，岛上就设置了沙门寨。这个沙门寨，一开始可能主要是用于在海上防御契丹（辽东半岛当时属契丹，与沙门岛和登州隔海相望）。但一方面，契丹以骑射见长，不擅长水上作战。另一方面，在古代交通不发达的背景下，海岛相当于一座天然的监狱。因此，时人逐渐发现，作为流放地点，这里比西北要更适合。

沙门岛虽然在北宋出名，但实际上在五代的后期，就已经成为一个比较固定的流放地。根据《旧五代史》的记载，后汉和后周时期，不少大臣就被流放至此。比如，后汉隐帝时，“前永兴军节度副使安友规除名，流登州沙门岛”；后周太祖郭威时，“内衣库使齐藏珍除名，配沙门岛”；而后周世宗柴荣在位期间，知名的大臣就有四人被流放到沙门岛。

其中，右谏议大夫李知损被发配到沙门岛之前，过于低估沙门岛的威力，他还满怀信心地告诉身边人：“看相的人说，自己会被放逐三次，归来之后就可以当宰相，而到沙门岛正好是第三次被放逐。”没想到的是，他这一去没有复返，“岁余，卒于海中。”

北宋取代后周之后，经过多年用兵，陆续平定各地的割据政权，将岭南重新纳入统治范围。但沙门岛的地位却并没有因此受到影响。岭南虽然恢复为流放地之一，但此时它的名气已经不如沙门岛了。

不过，此一时彼一时。定都开封的北宋灭亡之后，统治中原的金、元王朝，都城主要设在幽燕一带，而后的明清也是如此，沙门岛就从海上边陲变成了京畿咽喉，作为“流放地点”的功能就逐渐消失。

后唐时即墨县屡现祥瑞

五代时期的后唐，虽然存在时间比较短暂，但对胶东历史颇有影响。胶东地区的大县莱阳，原名昌阳，据说正是为了避后唐皇室先祖李国昌的名讳，而改为莱阳。在后唐时期，胶东不仅地名出现调整，还曾有奇异之事记载于史书当中。这篇故事就是其中之一，主角是即墨历史上几棵很有名的灵芝。

时光倒回一千多年前，在后唐时期的同光二年（924 年）九月，当时在位的皇帝后唐庄宗李存勖，向大臣符习颁发了一道敕书，敕书写道：“符习累居藩翰，屡显政能，静以临人，宽而得众，抚俗已彰於惠爱，辅时又致於休徵。因得和气潜蒸，灵芝遽产，同九茎而表瑞，比三秀以呈祥。载阅奏陈，良深嘉叹。”

如果只看敕书本身，虽然能看出庄宗是在夸自己的臣子，但多少也有些云里雾里。结合其他史料的记载，才能了解这道敕书的背景。

符习是后唐的重臣，他以小校起家，逐渐升迁到节度使的高位。同光二年（924 年）三月，他以沧州节度使、检校太傅、同平章事的身份，调任青州节度使。

青州节度使，在唐代为淄青节度使，淄博、青州以东的区域，当时均在其管辖范围之内，胶东地区亦属其中。符习调任青州节度使半年之后，其下属的莱州即墨县报上来一条喜讯，喜讯的内容就是当地发现两棵奇特的灵芝。

关于此事的经过，古籍《文献通考》中有较为详细的记载，“后唐同光二年（924年）九月，莱州奏：即墨县人李梦徵室内柱上生芝草两本。画图以进。”

大意就是说，当时莱州即墨县有个人叫作“李梦徵”，他家中的柱子上突然长出了两棵灵芝（芝草）。古人讲究“天人感应”，认为灵芝无根而生，是上天降下的祥瑞之兆，于是层层上报。即墨县报到莱州，虽然史书没有明确说明，但莱州应该是报到了青州节度使符习那里，而符习又上奏朝廷。古代的条件有限，无法拍照，因此画成图画，一并呈上。

同光二年（924年），正是李存勖踌躇满志的时刻，此前他已攻灭后梁，成为中原霸主，下一步准备伐蜀破吴，一统山河。在这个时候，出现上天的“祥瑞之兆”，他自然十分欣喜，虽然即墨县到青州比较遥远，符习上任时间也不长，但他还是把功劳归于这位臣子身上，在敕书中夸奖他在地方“政通人和”，于是灵芝应时而发。

在古代，所谓的“祥瑞之兆”屡见不鲜，大多带有奉承附会的意味。因此，很多帝王们对此见怪不怪，有的甚至下令不必奏报。而李存勖为此专门下一道敕书，显然不仅是为了灵芝，也是为了表示对大臣符习的优宠吧。这也间接使得即墨灵芝，在史书中留名。

可惜的是，奇特的灵芝，并没有给李存勖带来多少祥瑞，同光这一年号，仅仅持续四年，他就在兵变中身死。

在李存勖之后登上皇位的是后唐明宗李嗣源，他在位后期，使用的是“长兴”年号。而就在长兴三年（932年），即墨县又上报了一条关于灵芝的喜讯。这次灵芝长在了一个叫作“王友”的人家中，这次的灵芝“一本三枝，色紫，叶茎一色，其表白，高尺馀”。不过，此时符习已经不在青州节度使任上。从史书记载来看，后唐明宗对此时有所反应，但并为见到具体诏书，似重视程度不如前者。

前已提及，古代的祥瑞之兆，其实更多是当时人的一种心理暗示作用，对于后世来说，并无太深的意义。站在今天的视角上，灵芝的故事，对于即墨来说，文史价值可能主要在于对当时即墨姓氏的判断。

如今的即墨人，祖先大多相传是明初从四川或云南迁来。从灵芝的故事可以推断，即墨这支李姓和王姓，应该算是土著了，只不过从五代到明初，中间经历宋金元三朝，北方战乱频仍，不知道当年灵芝降生的这支李姓和王姓，是否有后人延续至今呢？

后唐时耶律倍横渡渤海

横亘在胶东半岛和辽东半岛之间的渤海海峡，是国内三大海峡之一。海峡的全长约一百零五公里，按照今天的眼光来看，并不算太宽。但在航海条件有限的古代，这的确是一道天堑。

历史上，很多往来两地之间的人们，都要冲风冒浪，横渡渤海海峡。在这些横渡渤海海峡的人物当中，有一位的身份很特殊，他就是耶律阿保机的大儿子耶律倍。

根据史料记载，耶律倍有好几个名字，比如图欲（突欲）、李赞华等，这与他复杂曲折的人生经历有关，而横渡渤海海峡的事情，也是他曲折人生的一个缩影。

作为辽国开国皇帝耶律阿保机的长子，耶律倍人生的前半段顺风顺水，父皇对他信赖有加，不仅立他为皇太子，而且在攻灭渤海国之后，封他为人皇王，统治在原渤海旧地成立的东丹国。

但太子居外，远离中枢，向来为大忌，一旦发生变故，鞭长莫及。果然，耶律阿保机去世之后，萧太后打算让居守在内的次子耶律德光继位，耶律倍无奈之下，只能主动让出储位。不过，他虽然退避辽东，但耶律德光仍不放心，安排专人监测，耶律倍因此郁郁寡欢。

此时的中原，在后唐明宗统治下，他算是五代时期一位比较有作为的皇帝。他知道耶律倍的情况后，派遣使者渡海赴辽，劝说他投奔中原，以此牵制正不断发展壮大的辽国。

几次劝说之后，耶律倍终于决心仿效“吴太伯”。《辽史》载：“倍因畋海上。使再至，倍谓左右曰：我以天下让主上，今反见疑；不如适他国，以成吴太伯之名。立木海上……携高美人，载书浮海而去。”

时间地点人物，是描述一件事的三大要素，耶律倍横渡渤海海峡这件事情当中，人物已经明确，那么时间地点又是什么呢？尤其是地点，只有知道了地点，才可以判断耶律倍是否横渡渤海海峡。

首先看一下出发的地点。根据《钦定满洲源流考》记载：

“(辽东)有苏、扶等州，苏与青州登州相直，契丹东丹王封于此处，乘筏浮海归后唐。”

而从《辽史·地理志》和《读史方舆纪要》的记载来看，辽国的“苏州”就是古代的南苏城，位于明代的金州卫境内，也就是辽东半岛的南端，大致相当于现在旅大地区。

从旅大南渡，到胶东半岛最近的一条海路就是渤海海峡，并且海峡中间有不少岛屿，可以停靠避风，然后再到登州。

从史料记录的情况来看，耶律倍走的的确是这个线路。《旧五代史》在后唐明宗本纪中载，“青州奏，得登州状，契丹安巴坚(阿保机)男东丹王托云越海来归国。”由此可见，耶律倍自辽东渡海，在登州上岸。

根据《旧五代史》的记载，朝廷接到青州转过来的奏报，是在长兴元年(930年)的十一月，距今超过千年历史。考虑到古代的交通速度，耶律倍横渡渤海海峡应该大约在一个月之前，也就是十月份。古代讲究农历，十月份是秋冬之际，并不是横渡渤海海峡的理想时间，并且考虑到耶律倍一行乘坐的是“木筏”，这个季节渡海更是相当凶险。

耶律倍之所以会在这个时间段选择这种方式渡海，或许也是为了避开耶律德光的监视，出其不意，获得成功。

成功渡过渤海海峡来到后唐境内之后，耶律倍来到洛阳，得到了后唐明宗的礼遇，被封为节度使，并赐姓李，名赞华。

值得一提的是，耶律倍南渡，只带了几十名的随从，他的儿子则留在辽国。数十年后，耶律德光驾崩，耶律倍的儿子被大臣拥立继位，耶律倍后来也被追尊为“义宗”。

登州与宋金“海上之盟”

北宋政和七年（1117 年）七月，登州长官向朝廷上奏的一件事情，引起了徽宗皇帝的关注。

在当时，登州还没有升级为府，只管辖蓬莱、黄县、文登、牟平四个县。州的长官称作“知登州（事）”，时任知登州的人叫作“王师中”。

王师中的生平，史料记载不多。一些专门收录异闻的笔记，曾提及他在登州任上见到的怪事：一条“大海鳅”（多半是鲸）从蓬莱海上经过之前，当地曾刮起了异常的大风，王师中询问老人，知道海鳅将来，于是专门到蓬莱阁上观看。结果，“海鳅”来的时候，“不见其首，但其脊如山。”

这在古代的确算是奇闻，但王师中向朝廷上报的并非此事。他在奏报中说：“辽人蓟州汉儿高药师、僧即荣等，以舟浮海至文登县。”(《三朝北盟会编》)

此事在《续资治通鉴》当中也有记载，主人公不变，仍是高药师等人，但地点有所出入。史载：“金之苏州汉儿高药师、曹孝才及僧即荣等，率其亲属二百馀人，以大舟浮海，欲趋高丽避乱，是月，为风漂达宋界驼基岛（砣矶岛）。”

从地理位置综合推断，《续资治通鉴》的说法更为可信。也就是说，高药师一行原本要从辽东半岛走海路到高丽，但途中遇到大风，漂流到了北宋地界的砣矶岛。砣矶岛位于长山列岛的中间位置，北宋在此设军驻守，在宋辽时期，算是两国事实上的分界线。

与王师中类似，高药师的生平也没有太详细的记载，但他的名字很有特点。在宋金之际，“药师”似乎是一个很流行的名字，除了高药师之外，还有一个先降宋、后降金的郭药师。不知道是否是受此影响，金庸大师在武侠当中还塑造了一位经典人物，叫作“黄药师”。

高药师的到来，为北宋方面带来一个重要情报：女真人在东北兴起，攻夺契丹旧地，已经推进到了辽河以西。

实际上，女真首领阿骨打早在辽天庆四年（1114 年）就已经起兵。但古代通信条件有限，北宋君臣对于白山黑水之间的形势变化并不了解。

徽宗虽然被后世视为昏庸的书画皇帝，但其实也颇有开疆拓土的想法。尤其是五代时割让给辽人的燕云十六州，他一直想伺机收回。因此听到王师中转来的情报，他很重视，让大臣们商议对策。

经过廷议，徽宗皇帝决定派高药师以买马为名（宋初曾有先例），跨海与女真方面取得联系，投石问路，试探结盟攻辽的可能。

皇帝过问的事情，效率自然很高。王师中在七月份上奏，八月初就收到了朝廷的诏书。他很快挑选了七名将吏，与高药师组成一支使团，配备好船只。在当年八月下旬，高药师一行就出发了。

然而，高药师此行并不顺利，不仅没有见到女真首领，甚至都没有正式登陆。《三朝北盟会编》记载：“药师等既至彼境北岸，相望女真巡海人兵多，不敢近船，几为逻者所害，遂复回。”

高药师回到宋境，已经是政和八年（1118 年）的事情了。宋廷闻讯，或许认为是高药师缺乏正式头衔，因此女真不加礼遇。于是，改派武义大夫马政为正使，另外挑选会说多种语言的平海军卒呼延庆，与高药师等七八十人，再次过海，出使女真。

这次使团规模可谓隆重，并且还携带礼物，但渡海登陆之后，女真人的态度仍不友善。巡逻队捉住他们一行之后，不仅抢走了礼品，还多次动了杀念。使团一行反复比画，其中以高药师出力较多，这才逃过一劫。但也是被绑着送到了阿骨打处。

阿骨打听闻马政一行的来意之后，与大臣商议，认为此举有益，于是也派人出使北宋。双方就此建立起正式联系。经过几番讨价还价之后，达成了“结盟攻辽”的共识，史称“海上之盟”。

吊诡的是，作为“海上之盟”的牵线人，高药师在此后的史料中鲜有出场。在刚结盟时的形势看，他算是给北宋立下了功劳。按说应有封赏，但并没见提及。

几十年之后，在金国海陵王时期，又出现了一位“高药师”。这位高药师并没有单独的列传，只是介绍萧裕的时候简单提及。《金史》记载，萧裕曾向高药师抱怨海陵王，而高药师告密。萧裕最终被杀，高药师则加官受赏。此高药师，到底是不是彼高药师？史无明载，不敢轻下结论。

伪齐刘豫的登州大航海计划

北宋灭亡之后，金国先后在中原地区扶植了伪楚和伪齐两个傀儡政权。前者存在时间很短，几乎没有存在感，但后者维持数年，对黄河以南地区还形成了一定影响。当时的胶东半岛，属于伪齐的统治区域，因此也与刘豫有过历史交集。

刘豫对胶东半岛的最大影响，在于区划。伪齐时期，福山、栖霞、招远相继建县，胶东后世的县级区划大致成形。

在区划之外，刘豫在位期间，还曾策划过一次“大航海”行动，也与胶东半岛有关。就意图而言，这次“大航海”行动称得上“壮举”，但因为种种原因，它最终却湮没在历史当中，鲜为后人所知。

《续资治通鉴》是一本记录两宋和元代历史的编年体史书，在宋高宗绍兴三年（1133 年）的九月，书中记载了这样一件事情：“刘豫遣通判齐州傅维永及募进士宋渊等五十馀人自登州泛海，册交趾郡王李阳焕为广王。”意思就是说，刘豫派遣官员傅维永和宋渊率领五十多人的队伍，从登州走海路出发，他们此行的目的是“册封交趾郡王李阳焕为广王”。

所谓“交趾郡王”，是宋代册封给越南（时称交趾）首领的称号。根据《宋史》记载，交趾本汉初南越之地，汉武帝平定南越之后，纳入中原王朝的版图，从汉朝一直到唐代，交趾一直为中原王朝管辖下的郡县，唐代还先后在此设立交州总管府和安南都护府。不过，经过唐末大乱之后，五代时期，交趾逐渐脱离了中原王朝的控制，成为一个单独的政权。北宋虽然次第攻灭南方群雄，但并未对交趾用兵。当时统治交趾的丁氏政权，也相当识趣，主动上表归顺。宋太祖开宝年间，朝廷下诏，授予交趾统治者“开府仪同三司、检校太师”（后有所调整）的官职，并封“交趾郡王”。此后，虽然交趾政权从丁氏转入李氏，但“交趾郡王”的称号一直没有变。

靖康之变后，宋室南迁，但仍对交趾保持政治影响力。宋高宗绍兴二年（1132 年），时任交趾郡王的李乾德去世，他的儿子李阳焕就继任“静海军节度使、特进、检校太尉、交趾郡王”。而上文提到的刘豫使团，就是要从登州走海路到交趾

（越南），去联系李阳焕。

刘豫为何会有此一举？这还要从当时的形势说起。刘豫以宋臣的身份被金人扶植为皇帝，他不思惭愧，反而一心想早日消灭南宋政权，成为中原名义上的正统。

但就当时的人心向背和战力对比来看，刘豫不但没有优势，反而相当吃力，金人评价他“进不能攻、退不能守”。在这种情况下，他急需找到一种方法，能够扭转局面。这个时候，伪齐的侍御史卢载阳（扬）为他献上了一条“两面夹击南宋”的计策。

通俗来说，这条计策就是刘豫派人联络交趾，让对方在南宋的大后方开辟第二战场，与伪齐南北夹击。事成之后，江南归刘豫，两广归交趾，这也就是封李阳焕为“广王”的含义。众所周知，元朝攻打南宋就曾采用类似的策略，只不过是在陆地上经过大理国，绕到南宋背后，而伪齐的方式是从海上绕圈。

这条计策听上去很不错，但就当时的情况来说，可行性很低。因为元朝绕道大理，是亲自出兵，每步都在自己掌控之下，而伪齐联系交趾，其实更多带有“借兵”的含义，自身没有强大的实力支撑，对方很难买账。

不过，一心想灭宋的刘豫听了之后，十分欣喜，很快就派出了使团，而金作为伪齐的宗主国，也同时派出了二十人左右的使团随行。

从海路走需要坐船，而史料并没有记载伪齐使团的船只数量，从人数上来说，不到百人的使团，一艘大船就可以装载。在唐代，登州的海运就比较发达，是海上丝绸之路的起点之一。而到了伪齐统治时，登州也是其范围内为数不多的大港口，因此使团选择在此出发。

然而，从登州出发之后，使团的踪迹就在史料中再无详细记载，他们一路都经过哪里？到没到达交趾？交趾的态度如何？这些问题，都成为历史谜团。

另一部记载南宋历史的典籍《建炎以来系年要录》也提及过此事，对于使团的结果，书中以猜测的口气说道："计未必达。"意思就是，估计可能没走到交趾。

这种估计，从《宋史》对交趾的记载中可以得到一定佐证，伪齐派遣使团是在绍兴三年（1133年），而此后的绍兴八年（1138年），李阳焕就去世，当时宋高宗专门派人到交趾吊祭，并继续册封他的儿子，这说明南宋和交趾的关系并无变化。

就常理推测，伪齐使团应该有三种可能的结果，一种是没有走到交趾，半路返回；一种是没有走到交趾，也没有返回；一种是走到了交趾，但是交趾没有理睬。以上三种结果，都不会对南宋和交趾的关系产生影响。

相对来说，第二种可能是比较悲惨的一种结果，也就是说使团在走海路的过程中，遇到了不测。宋代的航运虽然发达，但从登州到交趾，超过了两千海里的距离，按照当时的速度，恐怕至少要在海上漂半年，并且使团出发的季节，台风尚未停歇，长江以南都在南宋控制下，使团就算想停靠避风也不能，这条航线想要完整走下来，的确不是一件容易的事情。

金代栖霞吃盐要从邻县购入

栖霞位于半岛腹地，是胶东为数不多的内陆县。在当地民间流传着不少揶揄老辈栖霞人吃不到鲜鱼的段子，所谓"臭鱼烂虾，送到栖霞”。

对于如今的人来说，吃不到海鲜，的确不太适应。而在古代，海鲜并非必需品，不吃鱼也不是什么大不了的事情，粮食能吃饱就算是好日子。

不吃鱼无所谓，但不吃盐却不行。因此，对于不靠海的栖霞来说，古代最大的不便就是无法晒盐，只能从其他地方购买。

所幸的是，栖霞虽然地处内陆，但周边的邻县都靠海，算起距离，栖霞到海边也不是太远，运输成本不大，且食盐耐于储存，因此买盐不是一件太难得事情。

追溯历史，栖霞是在金代（伪齐）建县，也就是说，从那时起，买邻县的盐，就成为栖霞人生活中的一部分。

按照当时的区划，栖霞共有五个邻县，分别是蓬莱、黄县、招远、莱阳和福山。这些县当中，招远的海岸线太短，自己吃盐尚且要靠掖县供应，自然谈不上向栖霞卖盐。而莱阳的盐场在南部的丁字湾畔，距离栖霞路途较远，并且当时栖霞属登州，莱阳属莱州，在食盐专营的背景下，按照优先同一区划内调配的原则，金代栖霞的食盐，主要是从蓬莱、黄县和福山三县引进。

关于此事，《金史·食货志·盐》的记载为：“黄县场行黄县，巨风场行登州司候司、蓬莱县，福山场行福山县，是三场又通行旁县栖霞。”

金代人口比较少，登州下属四个县加起来一共不到六万户，栖霞建县较晚，且地处山区当时的规模很有可能仅几千户（元代曾有人写过这样的诗句：“蓬莱南境是栖霞，依山傍水数百家。”）按照一户人家一年吃两斤盐计算，整个栖霞一年也需要购进数千斤的食盐。

而根据史料记载，金代的食盐价格，每斤在三十文钱至四十文钱之间，也就是说，栖霞一年的食盐贸易金额，按照万斤计算，大概在三四十万文钱，千文一贯，相当于三四百贯。

除了栖霞之外，当时胶东还有两个县需要从邻县引进食盐，一个是上面提过的招远，由掖县西由盐场（濒临莱州湾）供应，另一个是即墨，由莱阳的衡村（行村，濒临丁字湾）盐场供应。其余州县，基本可以自足自给。值得一提的是，莱州湾和丁字湾，现在也是胶东半岛有名的产盐区。

金代公主封号与胶东区划

在清代之前，皇室分封王爵、册立公主，通常都会以地名作为封号。至于选取哪些地名，不同的朝代有不同的偏好。

金代的统治区域主要位于北方，因此大多以北方地名作为王和公主的封号。王的封号相对多一些，而公主的封号则比较固定，根据《金史》记载，金代册立公主，通常使用县一级的名称作为封号，常用的县名只有三十个。

这三十个县的名称是：乐安、清平、蓬莱、荣安、寿光栖霞、灵仙、寿阳、钟秀、惠和、永宁、庆云、静乐、福山、隆平、德平、文安、福昌、顺安、乐寿、静安、灵寿、大宁、闻喜、秀容、宜芳、真宁、嘉祥、金乡、华原。

以上不难看出，因为公主为女性，与之搭配的县的名称，大多也带有柔美之意，如清平、栖霞、灵仙等。

这些县名当中，有的后来废弃，有的沿用至今，沿用至今的名字当中，比较典型的就是蓬莱、栖霞、寿光等。

盘点一下，上述的三十个县名当中，有八个位于现在的山东省境内，分别是乐安（惠民县前身，明初的乐安州）、蓬莱、栖霞、寿光、庆云、福山、嘉祥和金乡。

严格来说，公主是一种笼统的称谓，具体到个人，通常以封地级别，称为公主、郡主或者县主。因此，在《金史》当中，见到的记载通常是“封某某为某某县主”，比如，完颜宗磐的侄孙女完颜重节，被封为“蓬莱县主”；完颜宗干的一位女儿，被封为“嘉祥县主”，嫁给了金代中后期的重臣徒单克宁。

在八个山东的县名当中，有三个位于胶东半岛，分别是蓬莱、栖霞和福山。值得一提的是，栖霞和福山在北宋时还没出现，直到金初才建县。

根据史料记载，金天会年间（伪齐阜昌年间），析蓬莱之阳疃镇和莱阳一部，建立栖霞县；福山建县与之时间相仿，析蓬莱之两水镇，建立福山县。

关于栖霞和福山地名的由来，民间说法不一，比较流行的是栖霞因“日晓辄有丹霞流宕，照耀城头霞光万道”而得名，福山是因为“同名的小山”而来。不管怎么样，两者描述的都是比较美好的景象，因此也被选为公主的封号。

金代何人曾被封为“栖霞公主”（县主）和“福山公主”（县主）？暂时没有查到详细记载，但后来明代的宗室当中，则有明确的栖霞县主和福山县主人选，栖霞县主出自鲁藩，福山县主出自唐藩，俱在史书中留名。

宁海州与宁海王

元代的胶东半岛，还没有形成登、莱二府的体系，在区划上呈现“三州并立”的格局。

所谓“三州”，即莱州、登州和宁海州。以上三州，就实力（人口和钱粮多寡）而言，莱州较强，登州、宁海州稍逊。体现在州的级别上，莱州为中等州，登州和宁海州为下等州。

但有趣的是，莱州虽然为中等州，但在实际的管理体系上，却比宁海州还要矮一头。根据《元史·地理志》记载，莱州和登州在元代大部分时间，都隶属于驻地在淄川县的般阳府路管辖。但般阳府路却管不到宁海州，因为后者直属省部管辖。

元代以省领路，包括般阳府路在内的山东区域，都是中书省的辖区。宁海州虽然是州，但不由路管，而直辖于省，显然地位比较独特。

那么，宁海州在元代为何有如此地位呢？《元史·地理志》中虽然没有明说，但留下了一条时间线索：“（宁海州）至元九年（1272年），直隶省部。”

至元九年（1272年），是元世祖忽必烈在位期间。查询本纪中记载的当年大事，可以发现一些端倪。《世祖本纪》载：“（至元九年）（1272年）己亥，诸王阔阔出请以分地宁海、登、莱三州自为一路，与他王比，岁赋惟入宁海，无输益都，诏从之。”也就是说，宁海州的特殊地位，应该与诸王阔阔出有关。

根据《牟平县志》，阔阔出（亦作阔阔楚）为元代宗室，被封为宁海王。或许正是因为藩王封地，宁海州的管理体制才比较特殊。

元代宗室，名为“阔阔出”者不止一人，因此查询这位宁海王的世系并不容易。古代的检索条件有限，《宁海州志》和《牟平县志》就为此问题而大费周折。

根据《新元史》记载，阔阔出的祖上，是成吉思汗的叔父答里阿台。元太宗窝阔台在位期间，将北方分封给宗室及宗王，胶东半岛就成为答里阿台这一系人的封地。史称：“太宗时，以宁海、登、莱三州为答阿里台后人分地。”

不过封地归封地，在区划上，胶东三州还是归益都路管辖，钱粮需经过中转才能到宁海王手中。阔阔出的奏请，就是让三州收入直接归宁海支配。

当时元廷虽然答应了阔阔出的请求，但一段时间过后，为加强集权，莱州和登州被剥离出来，纳入了般阳路的辖区。宁海王的食邑，理论上就只剩下了宁海州。

按照《牟平县志》的说法，元代的宁海王从阔阔出开始，共承袭四代，时间较长。因此，几乎终元之世，宁海州都是直辖于中书省的存在。

值得一提的是，因为浙江省境内有县城亦以宁海为名，因此清代雍正年间修撰之《浙江通志》误将阔阔出（库库楚）作为当地藩王。结合史料来看，元代的宁海王，封地指的就是胶东半岛的宁海州。

宁海王这个封号，不但元朝存在，明代亦有之。

按照明代制度，皇子封亲王（一字王），亲王嫡长子，年满十岁之后，册封为王世子，即亲王继承人；而其他儿子，年满十岁之后，封为郡王（两字王），级别低于亲王一等。通常来说，亲王的一字，主要取自古代国名，如齐楚燕韩赵魏秦等，而郡王之两字，主要取自郡（州、县）名，如枣强、庆阳等。

从谱系来看，亲王为大宗，而郡王为分支。而明代的宁海王，就是德王系的分支。

据民国版《牟平县志》记载，明嘉靖二十二年（1543年），封德懿王（朱）祐榕孙（朱）载土予为宁海王。

德王一系，出自明英宗，首封德王朱见潾，是明英宗第二子，初名见清。景泰三年（1452年）封荣王。天顺元年（1128年），英宗复位，改封德王。德王初封于山东德州，后来改到济南，成化三年（1467年）就籓。当时山东境内，除了德王之外，亲王还有衡王（青州）和鲁王（兖州）等。就封地而言，以德王为上。

德王一系，派生出不少郡王，如泰安王、济宁王等，宁海王也是其中之一。宁海王朱载土予就是第三代德王（谥号怀）朱厚炖的儿子。

这位宁海王藩封于嘉靖二十三年（1544年），隆庆三年（1569年）薨，在位二十余年，谥号为“恭和”。在此之后，宁海王的爵位又承袭了两代，万历二年（1574年），他的儿子朱翊铎袭封，在位四十三年。天启元年（1621年），朱翊铎的儿子朱常洇袭封，这是明史中提到的最后一位宁海王，此后就没有详细记载。

明末，山东多战乱。明崇祯十二年（1639年）正月，清军入边，攻陷济南，宁海王的大宗——德王被俘。当时，郡王虽有“郡”名，但基本不就藩，而是与长支亲王同驻一城之中。德王被俘，宁海王恐亦非善终。

元代迁往栖霞淘金的“青州人”

对胶东姓氏文化感兴趣的朋友，应该都会发现这样一个现象：除了姜、于、孙、曲等部分土著姓氏之外，其他多数姓氏大多相传是元明之际从外地迁来，传说中的迁徙地点大致有三个，一个是“大槐树”，一个是四川或“云南”，另一个则是青州。

相对于大槐树和四川云南来说，同属山东并且距离胶莱河不远的青州，在胶东人眼中更熟悉一些。在烟台栖霞境内，就有不少来自青州的姓氏，最有名同时也是分布最广的，当属阳疃李氏（栖霞城关、杨础、唐家泊、臧家庄、北洛汤等村均有分支）。而栖霞崔姓，根据族谱记载，亦是从青州迁来，此外还有其他姓氏，不一而足。

为何栖霞不少人的“原籍”是在青州？很多朋友对此都颇感疑惑，一些研究者也提出“元末躲避红巾之乱”以及“明初朝廷集中移民”等多种推断，虽然很有逻辑，但苦于在正史中没有精确记载，因此论证略显单薄。

受传统的“洪武移民”说法影响，人们查找正史时，容易把时间限于明代，如此的确难以找到直接记载大规模的青州人迁徙栖霞的信息。但如果把时间向前推移到元代的话，就会找到若干有价值的线索。

比如，在《元史·食货志》当中，就有这样一条记载，“凡产金之所：在腹里曰益都、淄莱。至元五年（1268年），命益都漏籍户四千淘金于登州栖霞县，每户输金四钱。十五年（1278年），又以淘金户二千佥军者，付益都、淄莱等路依旧淘金。”

元代把中书省直辖地称作腹里，即现在的晋冀鲁豫等省以及内蒙古的一部分。上文记载是说，元代全国产金的地方，在腹里主要集中在益都、淄莱地区，就是现在青州以东的地区。元世祖至元五年（1268年），朝廷下令将来自益都（青州）的四千户漏籍人口，迁徙到登州的栖霞县，成为专门的淘金户。

所谓淘金户，就跟古代专门负责烧盐的皂户一样，是世袭某种特定职业的群体，他们向朝廷承担的义务，就是行业的特产，类似于柳宗元在《捕蛇者说》中提到的捕蛇人。

从史料记载的情况来看，这些从青州迁到栖霞的淘金户，每年需要上缴的黄金为四钱，按照古代的重量计算，大约是十二克左右。如果按照现在的黄金价格，大约是四千多块钱。

这四千淘金户，对于元代的栖霞来说，是一个相当大的数字。当时栖霞的人口虽然没有直接的统计，但按照诗人王君实的说法，“蓬莱南境是栖霞，依山傍水数百家”，这虽然说的应该是县城，但也可以推测出全县的人口规模也不会不大。这次淘金户迁徙，对栖霞的人口结构，显然产生了比较大的影响。

元朝后期，战乱频仍，这四千淘金户可能会有一些迁回青州或迁徙别处，但终究会有一扎根些当地，因此可以推断，现在栖霞境内有一部分人，应该就是当年青州淘金户的后裔。

因为年代久远、资料匮乏，这些青州淘金户的后裔，都分布在栖霞哪些地方，已经难以精准考证了，只能通过淘金这条线索进行推测。

在胶东地区，提到产金，多数人想到的是招远、莱州，实际上就存储量和开采历史而言，栖霞也是一个老牌的黄金生产地。根据《齐乘》和《栖霞县志》的记载，早在隋朝时，就有“牟州刺史辛公义组织人手在岠嵎山采金”的记载。这里的岠嵎山，不是现在威海乳山市境内的岠嵎山，而是栖霞中部金山的别称。而“岠嵎金牛”也名列老栖霞八景之一。

提到“金山”，相信栖霞的朋友就比较熟悉了。以前栖霞境内曾经有个金山乡，现在合并至松山街道。在金山乡的片区，有很多村庄名带金字或者与淘金有关，比如金山村、金山店子、金山台、金山泊子，这几个是名字中带有“金”字的；又比如客落邹家、客落潘家、客落王家，这几个相传是因为当年淘金客曾在此落户而得名。只不过，几个村庄的主要姓氏邹、潘、王等，谱系大多只能追溯到明代。更早之前，是谁在此落户淘金？没有详细记载。

金山一带，只是当年青州淘金户可能分布的区域之一，栖霞其他地方，古代也有黄金开采。到底哪些地方与淘金户有关？还有待进一步考证。

明代莱阳“百二十岁”之寿星

人生七十古来稀，在生活和医疗条件有限的古代，人们的平均寿命比现在要低不少。年过七十，就可以视作长寿，八十以上，更是少见，年过百岁者，尤为凤毛麟角。偶遇其一，不但家族欣喜，州县亦以为荣光，因此在地方志当中，关于百岁寿星的记载倒是并不鲜见。

在老莱阳县志当中，就记载了一位明代的老寿星，他的年纪达到了惊人的一百二十岁（古人所指，应该是虚岁）。

其具体记载如下："展迪，贤古村，乐善好施，（明）弘治年间，输粟赈饥，旌表义民，寿百二十岁，孙堂亦著德于乡。"

上面提到的贤古村，就是现在莱西市院上镇（原属院里、武备）的岘沽村。贤古、岘沽读音相近，含义偏重各有不同。贤古一词，偏重于人文含义，寓意是这里的民风尚贤，存有古意；而岘沽一词，偏重于地理含义，指的是附近的岘山和小沽河。在老莱阳县志当中，提到这个村庄，一般写作贤古，如今以岘沽为正式称呼。

岘沽村，是胶东有名的展姓聚居村庄。根据岘沽村志记载，明永乐年间，鞠姓和展姓先后迁到此处建村，其中展姓是从胶州迁来的。

按照老莱阳县志的说法，展迪是在弘治年间获得表彰，算起来距离岘沽建村大概约百年左右的时间。而展迪长寿达一百二十岁，以弘治元年（1488 年）展迪 40 岁推算，他去世的时候，已经到了嘉靖、隆庆之际。乐善好施而长寿，真可谓好人有好报了。

岘沽村位于小沽河东岸，地形平坦，利于耕种，现在以葡萄种植闻名，古代想必也是盛产米麦的沃土。勤恳劳作，家有积谷，因此有"输粟赈饥"的物质基础。

值得一提的是，在明代的莱西地界，乐善好施的好人不在少数。除了岘沽村的展迪之外，现在莱西城郊的李家疃村，有位叫作"李茂"的人，也输粟助赈，前来取米的车马不绝，人称"车道李"，"车道李"此后也成为这一李姓人的代称。

从县志的记载来看，展迪乐善好施的品行，也给他的子孙后人树立了一个好的榜样。他的孙子展堂在乡里之间，也属德行出众之人。

明代藩封之“莱阳王”

在清代之前，分封爵位时通常会冠以地名，要么是古国名，要么是郡县名。古代的胶东半岛虽然属于相对偏远之地，但也有不少地名成为爵位称号，汉代的胶东王，大家应该都比较熟悉。其实，除了“胶东”之外，莱阳也曾出现在爵位称号当中，那就是明代分封的“莱阳王”。相对而言，“莱阳王”不如“胶东王”有名，因此不少朋友对其并不了解，本文就以史料为根据，简要介绍一下“莱阳王”。

对明朝历史比较了解的朋友，一听到“莱阳王”这个封号，应该就知道它的级别：在明代，一字为亲王，两字为郡王，莱阳王自然就是郡王。

按照明代制度，皇帝之子封亲王，亲王长子为世子，其余诸子封郡王，也就是说最早被封为莱阳王的，应该是某一位亲王的儿子，一般也称作出自“某藩”或“某府”。那么，这位“莱阳王”是出自哪个亲王世系呢？

从常理推测，郡王的“封地”都是位于所属的亲王周边，一般是同省。而明代山东省内分封的亲王如鲁王、衡王、德王，府内分支却并没有“莱阳王”。查考明史，“莱阳王”原来是出自“周王”一系。

根据《明史》记载，首封周王的，是朱元璋第五子朱橚。朱橚这一系的后人，辈分用字是：有子同安睦，勤朝在肃恭，绍伦敷惠润，昭格广登庸。第一位“莱阳王”，是安字辈，也就是朱橚的玄孙辈。

这位“莱阳王”，名字叫作“朱安潏”，是周王朱同镳的庶子。周王的封地在河南开封，因此朱安潏被封为郡王的时候，应在河南周边选择一个地名才对，为何会千里迢迢，选择山东半岛的莱阳作为封号呢？

说到底，这还是与周藩的人丁兴旺有关。根据史料记载，周藩前几代的郡王，大体还是以河南郡县为封号，但因为人数越来越多，河南的地名逐渐不太够用（实际上不仅是地名不够用，因为他们起名严格按照五行偏旁，并且不能重字，后来名字也不太够用），因此只能从外地借个名字，在“莱阳王”之前，就已经封过“聊城王”等带有山东地名的郡王。

朱安潏虽然封为“莱阳王”，但按照明代制度，亲王要就藩，郡王并不之国，且不能随意行动。因此，朱安潏应该只是遥领，实际上并没有到过莱阳，或许也是这个缘故，老莱阳县志当中也并没有提到这位郡王。

作为朱安潏名义上的封地，当时山东省登州府辖下的莱阳县，其实面积很广，包括现在的莱阳市、莱西市的全部，海阳市的大部，以及烟台市牟平区、威海乳山市的一部分（青山乡），也算是个大县了。

首代莱阳王朱安潏在位时间很长，去世后谥号“荣康”，他的儿子朱睦桃后来谥号“端定”。有明一代，莱阳王共传承五代，最后随着明朝的灭亡成为历史。

明代登莱两府之解元

在明清时期，乡试第一名称作解元。解元虽然身份只是举人，还没有完全出人头地，但通常来说，接着考中进士的概率相当高，一只脚其实已经迈进仕途门槛，因此也是一件颇为光宗耀祖的事情。

山东是人口大省，如今高考不易，在明代的乡试也挺难。三年一次的乡试，总共几十个举人的名额，由全省上百州县、卫所（一段时间内辽东的生员也参加山东乡试）的秀才们竞争。这些秀才不仅包括“应届生”，还包括很多之前屡试不第的老生。因此，考举人难，考举人第一的解元，更难。

通常而言，教育水平与经济发展是正相关的关系。在明代，胶东半岛区域的经济还不算发达（当时衡量的主要标准是耕地和人口）。因此在山东的乡试当中，济南府（历城县尤其突出）和兖州府（济宁州尤其突出）考取的解元较多，登州府和莱州府相对较少。

根据《山东通志》的记载，有明一代，举行了将近九十次乡试，其中，来自登州府和莱州府的解元只有十人左右，比例相对偏低（明代山东共有六府）。

按照时间顺序，这些解元分别是：莱州府昌邑县人王贯（洪武丙子科）、莱州府掖县人刘忠（永乐辛卯科）、莱州府掖县人张斐（正统甲子科）、登州府栖霞县人陈珍（成化甲午科）、莱州府掖县人毛纪（成化丙午科）、莱州府潍县人杜珏（弘治乙卯科）、莱州府掖县人毛渠（嘉靖乙酉科）、莱州府平度州人崔桓（嘉靖辛酉科）、登州府蓬莱县人李元善（万历乙卯科）、登州府莱阳县人王章（崇祯癸酉科）。

以上共计十人，不过根据记载，莱州府高密县人安仁也曾考中进士。但他当时参加的是顺天府乡试，不占山东名额，因此说他是解元可以，但并非山东乡试解元。

从以上数据不难看出，相对于登州府，莱州府的科考成绩更好一些，明代登莱十位解元当中，登州府三人，而莱州府七人。

不过，虽然登莱整体表现一般，但个别县的成绩还是相当突出的，比如掖县，一共考取了四位解元。要知道，明代山东举行了约九十次左右的乡试，当时全省有上百州县（卫也算在内），一个县也平均不上一次（登莱不少县在明代的解元是空白），掖县能考四次，殊为不易。

值得一提的是，掖县明代四位解元当中，还有两人是父子关系，那就是出自掖县崇儒毛氏家族的毛纪和毛渠。

毛纪是胶东有名的历史人物，吕剧《姊妹易嫁》中的原型。他考中解元的事迹，在《明史》本传中就有记载："毛纪，字维之，掖县人。成化末，举乡试第一。"至于毛渠考中解元之事，《明史》虽没有记载，但《山东通志》《掖县志》和《万历野获编》都有提及，其中，《万历野获编》称："庶吉士毛渠，为次辅毛文简（纪）之子，又先一年乙酉解元。"

父子相继为解元，为乡里族内的一件大喜事，根据记载，掖县城内就曾有一座"父子解元"牌坊，纪念两人。

实际上，不用非要是"父子解元"才能立牌坊，一般的解元就已经是值得庆贺的事情了。以上列举的解元当中，大多在原籍地都有牌坊，比如明代栖霞唯一的解元陈珍，县志就记载有之。

明代安置登州卫的云南土司后裔

“祖先是明代从云南或者小云南迁来。”在胶东半岛，不少村庄和姓氏，都流传有这种说法。

因为缺乏相关的史料佐证，研究界对“云南一说”大多持怀疑态度。有很多人认为，此“云南”非彼“云南”，指的其实是云州以南，即山西移民对故乡的代称。

不过，也的确有部分姓氏在族谱中，精确地写出来自云南省某县某村，如福山古现王氏、海阳上尹家尹氏等。

但族谱为私修家史，可信度不如官修正史。想要证明“云南移民说”，最直接的方法是在文史中找到“云南人迁徙胶东半岛”的记载，这也是很多胶东姓氏文化爱好者孜孜以求的事情。但可惜的是，有价值的记载并不多。

虽然不多，但也不是完全没有。在《明史》当中，就提到了一支人从云南迁徙到登州卫的情况。这支“云南人”，并非普通的民户或军户，而是出自土司家族。

史载：“成化元年（1465 年），总兵官沐瓚等以思任发之孙思命发至京师，乃逆贼遗孽，不可留，请发沿海登州卫安置，月给米二石，从之。”

成化是明宪宗的年号，总兵官沐瓚则出自明代世守云南的沐氏家族，而思任发、思命发都出自麓川一带的土司家族

（麓川平缅宣慰司）。

这一土司家族的前身，是宋元时期的勐卯王。根据现在云南瑞丽的史志资料记载，1310年（元至大三年）混依翰罕正式承袭勐卯王位，并以猛虎曾跃过头顶为号“思汉法”（法有时写作发，音译），意即擒虎王。此后，这一家族的继承人多取名叫“思某发”。

明初攻取云南时，在任首领名叫“思伦发”，思伦发现明朝实力强大，就上表归顺。1384年（明洪武十七年），明朝改平缅宣慰司为平缅军民宣慰司，以思伦法为宣慰使。后来，又改为麓川平缅宣慰司。

不过，因为天高皇帝远，思氏土司归顺明朝之心并不诚，从思伦发这一代就时叛时降。思伦发之后，他的弟弟思任发继位后，发动叛乱，明朝派大军前往征讨，将他俘获斩杀。而他的儿子思机发、思卜发也长期与明朝为敌，最终都被讨平，史称“三征麓川”。

思氏家族的反叛被平定之后，明朝为了防止后患，采取了常用的“远徙安置”的政策（如明夏政权的明昇被安置到高丽），将思任发的孙子思命发从云南不远数千里，安置到了胶东半岛的登州卫（蓬莱）。每月给他发放两石的口粮，按照古代的标准，一人一年大概需要一石粮食，每月两石的待遇，也算可以。

《明实录》将此事记载为成化二年（1466年），不过内容大同小异：“云南总兵官都督同知沐瓒等，解送已诛麓川贼思任发孙思命发至京，兵部言命发乃叛贼遗孽，虽贷以不死，然不可处京师，请如降夷例，量授头目，传送沿海登州卫安置，月给米二石，从之。”

史料仅提及思命发安置登州卫，没有记载他此后的经历。他是否就此在登州卫落户？有无后人？后人是否姓思？这些都不得而知。

思命发的情况虽然记载简单，不过多少也能证明，明代的确有将人从云南迁徙胶东的政策。在如今的胶东人当中，说大部分都与云南有关，或许是夸大附会，但“云南之说”，应该也不是凭空而来的吧。

威海人戚延龄与明末“梃击案”

喜欢历史的朋友，对于“明宫三大案”应该都不陌生。所谓“三大案”，指的是“梃击案”“红丸案”和“移宫案”。这三大案虽然分别发生于在明神宗、明光宗和明熹宗时期，但它们的经过和缘由，都与明光宗朱常洛有关。

朱常洛虽然是明神宗万历皇帝的长子，但他的母亲身份卑微，不受恩宠，使得郑贵妃和其子福王，一直对储君之位十分觊觎。虽然在大臣们的争谏之下，朱常洛被立为太子，但其地位并不稳固。“三大案”中的“梃击案”，就是在这种背景下发生的。

关于事件的经过，《明史》的记载为：“（万历四十三年<1615 年>）夏五月己酉，蓟州男子张差持梃入慈庆宫，击伤守门内侍，下狱。丁巳，刑部提牢主事王之寀揭言张差狱情，梃击之案自是起。”

慈庆宫是太子朱常洛的居所，为外人持木棍闯入，并且打伤守门太监，实在是一件骇人听闻的事件。尤其在太子与郑贵妃有隙的情况下，行为人张差的动机，也成为外界关注的焦点。

一些支持太子的大臣，非常怀疑张差是郑贵妃背后派人指使，因此想顺藤摸瓜，打击郑贵妃的势力，巩固太子的地位。

不过，作为最高统治者，明神宗却并不希望深究此事，造成朝野对立。在这种情形下，张差"疯癫"逐渐成为主流口径，也就是说张差完全是疯癫之举，并没有谁指使。

这种解释虽然勉强可以让朝野势力接受，但也是要走程序的。因为，张差是否"疯癫"，需要到他的籍贯地调查一番才行。这个时候，一位威海人就登场了。

前文已经提到，张差是蓟州人。根据属地管理的原则，这也意味着调查他是否"疯癫"，属于蓟州官府的职责。而当时，蓟州的地方官，就是一位威海人。

根据清代《文登县志》记载，这位威海人名叫戚延龄，字对樵，威海卫岁贡，"梃击案"发生时，他正好是蓟州知州。（注：戚姓是威海比较常见的姓氏，其先祖是明初驻守威海卫的军户。）

当接到上司调查张差情况的通知之后，戚延龄详细撰写了一份报告，声称张差是因为在当地做买卖被人坑了之后，心怀不满，手持木棍到京城去告御状。也就是说，确定了张差是激愤之下的个人行为。

收到戚延龄的回文之后，在京负责审理"梃击案"的官员心中有底，既然可以证明此案不牵扯朝中势力，以"疯癫"结案就无不妥。

于是，明廷"立决张差，免株连无算"（《文登县志》）。戚延龄的举动，使得这一大案件避免了大规模的株连，相当于为当地做了一件大好事，史称"蓟人德之"。

袁崇焕与登莱巡抚

在明朝末年，山东省境内曾设有两个巡抚，一个是驻地在济南的山东巡抚，主管山东内地，一个是驻地在登州的登莱巡抚，辖区主要为登州、莱州两府（后期青州也一度纳入）。

登莱巡抚的设置，主要是军事用意。

明末，后金在关外兴起，辽沈失陷之后，为了防止后金进一步扩张，明廷构筑起海陆两大防线。陆上就是以山海关、宁远、锦州为中心的关宁防线，海上就是以旅顺、皮岛以及胶东半岛的登州、莱州为依托的登莱防线。因为两者之间有一定距离，为了方便指挥，两边各有巡抚，陆上为辽东巡抚，海上为登莱巡抚。

据《明史·职官志》记载，登莱巡抚一职，设置于明天启元年（1621年），全称为"巡抚登莱地方赞理军务"（不同时期，称谓略有不同，《崇祯实录》有时写作"巡抚登莱东江、备兵援辽恢复金复海盖、赞理军务兼管粮饷"）。山东巡抚和登莱巡抚虽然都是巡抚，但官职后缀却有区别。山东巡抚的全称为：巡抚山东等处地方督理营田兼管河道提督军务，而登莱巡抚只是赞理军务。据《明史·职官志》，巡抚兼军务者加提督，有总兵地方加赞理或参赞。山东巡抚为提督军务，登莱巡抚是赞理军务，显然前者的位阶更高。

铁打的衙门流水的官，整个天启年间，虽然官员换了好几任，但登莱巡抚这个职位一直没有变化。不过，到了崇祯朝之后，情况发生了改变。

崇祯二年（1629 年），时任登莱巡抚孙国桢去职，这时明廷并没有选派继任者，而是下令停设登莱巡抚。

明廷为何会下这样一道命令？是因为登莱防线不重要了吗？事实并非如此。根据《明史》的记载，崇祯二年（1629 年），登莱巡抚的停设，是因为明廷采纳了袁崇焕的建议。

袁崇焕，众所周知，是明末的抗清名将，关宁防线的构筑，他有很大的功劳。他为何要建议停设登莱巡抚呢？

袁崇焕的建议，主要与他当时的身份有关。

袁崇焕在天启年间虽然多次击败后金军，但在末年却遭到冷遇。崇祯皇帝继任之后，听取朝臣建议，认为袁崇焕为经略辽东的不二人选，召他入朝商讨对策。袁崇焕喊出“五年复辽”的口号之后，崇祯皇帝相当高兴，任命他为“兵部尚书兼右副都御史，督师蓟辽、兼督登莱、天津军务”，用现在的词来说，袁崇焕相当于环渤海区域的总管。

指挥军务，关键在于事权统一。袁崇焕认为，自己是督师，下面再有两个巡抚，指挥起来并不方便。因此建议朝廷裁撤在辽东和登莱设立的巡抚。

当时，辽东巡抚为毕自肃，登莱巡抚为孙国桢。《明史·袁崇焕传》载：“自肃既死，崇焕请停巡抚，及登莱巡抚孙国桢免，崇焕又请罢不设。”当时明廷正要倚靠袁崇焕，因此这两条建议均通过。

值得一提的是，从史料记载来看，当时去职的登莱巡抚孙国桢，与魏忠贤的阉党有些瓜葛，《明史·魏忠贤传》记载：“总督张我续及孙国桢……辈，佞词累牍，不顾羞耻。忠贤亦时加恩泽以报之。”也就是说，孙国桢经常上表阿谀魏忠贤，他之所以能担任登莱巡抚，未必是因为有能力，而是沾了魏忠贤的光。因此，崇祯初年，魏忠贤倒台之后，朝廷整肃阉党，孙国桢很有可能是受此波及而去职。

登莱巡抚停设之后，袁崇焕统一了事权，以往他的活动区域主要是在关宁，这时也逐渐开始泛舟海上。崇祯二年（1629年），袁崇焕率军进入登莱防区，在双岛（辽东旅顺境内）与毛文龙见面，持尚方宝剑诛杀之，解决了他认为的“尾大不掉”问题。

然而，没有后顾之忧的后金军，趁此机会入塞袭扰京师。崇祯皇帝迁怒于袁崇焕，将之下狱，最终处死。

人亡政息，袁崇焕死后，崇祯三年（1630年），明廷下令重新设立登莱巡抚。但好景不长，崇祯四年（1631年）、五年（1632年），在登莱巡抚孙元化任上，发生了举世震惊的孔有德之乱。从结局来看，明末的历任登莱巡抚，安全着陆者不多。

明末“三日登莱巡抚”

在胶东半岛千百年的历史上，有不少“一闪而过”的人物。

知名度比较高的一位，当属“五日登州太守”苏轼。北宋元丰八年（1085年），原来频遭贬谪的苏轼，被重新启用，到登州赴任，不久之后又被调回京师。因为这段短暂的任职经历，胶东史料提到他，一般称为“五日登州太守”。

虽然时间不长，但苏轼在任期间也做了一些事情，因此“五日登州太守”这一称谓，算是一个褒义词。

与之类似但又形成鲜明对比的是，明朝末年，胶东又出现了一位“三日登莱巡抚”。史书当中，提及此事，多持贬义。这到底是怎么一回事呢？细说起来，它的过程如同一部明朝版的《官场现形记》，情节很是曲折。

这位“三日登莱巡抚”，叫作“劳永嘉”。他本人虽然在《明史》中无传，但上位登莱巡抚的事情，却在多人的列传中提及，也算是明末政坛一件沸沸扬扬的事情了。

劳永嘉，浙江石门人，在万历年间考中进士，先在中枢担任郎中等职，后来转到地方。崇祯前期，他一直在山东任职，先后担任按察使、左布政使等。在任期间，经历了孔有德之乱，他处置得当，算是仕途中的一个亮点。

作为万历年间的老进士，到了崇祯八年（1635年），劳永嘉已经年迈体弱，依照惯例，差不多该告老还乡了。此时，他的官衔是山东左布政使，为从二品地方官。按说，这也算是大员了。但劳永嘉并不安于现状，他想再拼一拼，熬一个“巡抚待遇”再退休。

与清代不同，明代巡抚还不算是地方定制，而是挂靠在都察院的外派京官。其品级与在都察院的兼衔有关，如果是左右都御史担任巡抚，就是正二品；如果是副都御史，品级其实跟布政使相仿。

光从品级来看，明代的巡抚只比布政使略高。但从性质和权力而言，两者就有明显差异。巡抚带有钦差性质，属于要员。因此，在当时的官场，大家多以担任巡抚为耀。即将退休的劳永嘉，就是这么想的。他环顾四周，一直在寻找能争取的机会。

崇祯八年（1635年）十月，机会来了。当时，登莱巡抚陈德元罢官，朝廷准备物色替代人选。劳永嘉马上行动起来，打点关系，以求升迁。

明朝实行内阁首辅制，时任首辅是后来被列入《明史·奸臣传》的温体仁。劳永嘉与温体仁算是同乡，因此顺利搭上了关系。

不过，史料说温体仁很有心机，“所欲推荐，阴令人发端，己承其后。”因此，在劳永嘉做出表示之后，他虽然点头，但自己并不出面，而是暗示其他人打头阵。

当时，主管人事的吏部尚书，是谢升。这次推荐登莱巡抚人选，由他负责向朝廷上报名单。在知道温体仁的态度之后，他同意照办，但也不便直接提名劳永嘉。于是，这个任务辗转落到了给事中宋之普身上。

给事中，属于言官，品级虽然不高，但在明末政坛上相当抢眼。在这个职位上，既有铮铮忠臣，又有御用文人。遇到大事的时候，一般都是由后者上奏，试探口风。

根据史料记载，宋之普是沂州人，明亡之后归顺清朝，曾担任过知府。他选择当贰臣，可能的确有什么苦衷，但多少也能看出，他对气节操守并不重视。可以推断，想要做通他的工作，最简单的方法就是送礼。

关于劳永嘉送礼的经过，《明史》描述不多，《烈皇小识》记载较详，文中称：“山东左布政劳永嘉辇金六万两，主兵科宋之普家，营升登莱巡抚。”

按说送礼应该悄悄进行，但劳永嘉志在必得，因此不计本钱。他用大车拉了六万两银子，送到了宋之普的府上。动静如此之大，想必是走漏了风声。劳永嘉此前与魏忠贤的阉党有涉，不少人对他本来就有看法，就想趁机弹劾。但因为有温体仁的暗中支持，在最后拟定的登莱巡抚候选人当中，劳永嘉如愿以偿，排在第一。

过了几天，朝廷下诏，正式任命劳永嘉为登莱巡抚。

然而，顷刻之间，风云突变。朝廷很快又下诏，裁撤登莱巡抚一职，劳永嘉也因此罢官。

这又是怎么一回事呢？原来，自从孔有德叛乱之后，登莱防线实力大大减弱，对后金的牵制作用明显降低，逐渐成为“鸡肋”。朝臣当中，时有裁撤登莱巡抚的提议。崇祯皇帝性格多疑多变，虽然下令推举新人选，但只要言官继续鼓噪裁撤一事，他多半会同意。温体仁作为内阁首辅，对此肯定了然于心。

因此，在劳永嘉找他做工作的时候（至于劳永嘉是如何做通了温体仁的工作，史无明载，可以参考一下他给宋之普送礼的分量），他知对方年岁已高，不在乎任职期限，就想到了这万全之策。既可以让劳永嘉过一把瘾，又不至于时间长了出乱子，于是给他安排了登莱巡抚的职务。

史载：“时永嘉欲归，计得巡抚衔，温体仁许之；知登抚且罢，遂以永嘉名上。永嘉为巡抚三日，解任去。”这就是“三日登莱巡抚”的由来。

莱阳籍吏部稽勋司郎中

吏部稽勋司郎中，是古代一个官职的名称。突然提起这个概念，或许很难看出与胶东有什么联系。但实际上，在明朝末年，这个职位一度与莱阳人挺有缘分，有两位莱阳人先后担任此职。

在古代朝廷的六部当中，吏部因掌握人事权而地位突出。

《明史》称："是时，吏、户、兵三部之权为重。"

吏部的主官为尚书，副职为侍郎，下设司务厅（相当于办公厅）及文选、验封、稽勋、考功四清吏司（相当于具体职能司局），每司各有郎中一人。吏部稽勋司郎中，就是稽勋清吏司（简称稽勋司）的负责人。

从字面上看，稽勋就是查考勋级的意思。在古代，官员有职、品、阶、勋、爵的区别。所谓勋，指的就是勋位（明代文官有十个勋级）。根据《明史·职官志》记载，稽勋司的主要任务就是"掌勋级、名籍、丧养之事，以赞尚书。"如果参考现代的架构，有一部分干部局的功能。

就品级来说，稽勋司郎中为正五品官，下面还有员外郎（从五品）和主事（正六品）。新科进士，除了进入翰林院和外放地方的之外，剩下的主要是在六部各司任职，有不少是从主事做起。若干年之后，就可以升迁到郎中。

言归正传，在明清时期，莱阳有"张、赵、宋、左"四大科举望族，明末先后担任稽勋司郎中的两人，就出自这四大望族，分别是宋氏家族的宋应亨，以及左氏家族的左懋泰。

宋应亨，就是莱阳历史名人宋琬的父亲。《清史稿》载："宋琬，字玉叔，莱阳人。父应亨，明天启中进士。"因为宋应亨在明末时抗清殉难，故清史对他的事迹记载较为简略。在《明季北略》和《莱阳县志》当中，则有详细介绍。

根据记载，宋应亨为明天启五年（1625 年）乙丑科进士，起初外放清丰县（在河南）为县令，后来调回中枢，任礼部主客司主事。再转到吏部，在验封、考功、稽勋、文选四大司都从事过一段时间，终于成为稽勋司的主官——稽勋司郎中。因为这段经历，有不少史料在提到宋应亨时，都代称为宋稽勋。

后来，宋应亨卸任回乡。在崇祯十六年（1643 年），阿巴泰率领的清军入塞，残破直隶、山东，莱阳城破，宋应亨在坚守之后，不屈而死。为了纪念他的忠义之举，明末东林名人钱谦益曾撰写了一篇《宋稽勋哀辞》，文中曰：“痛同日兮义士亡，天苍苍兮日荒荒。莱城鞠兮为战场，桐棺裹兮非黄肠。”

宋应亨担任稽勋司郎中一事，有诸多史料佐证，基本可以肯定。但左懋泰是否担任过这一职务，存在一定争议。

事实上，左懋泰本人就是一个有争议的人物。他作为明朝进士，“闯至降闯，清至降清”，与同样出自莱阳左氏家族的左懋第（为明朝殉难）形成鲜明对比。

关于左懋泰在崇祯朝的官职，有郎中和员外郎等不同说法。《明季北略》称：“左懋泰，山东登州莱阳人，崇祯甲戌进士，官稽勋司郎中。”《小腆纪年》也称：“吏部郎中莱阳左懋泰，懋第之弟也。”而《明史·左懋第传》载：“其从弟懋泰先为吏部员外郎，降贼，后归本朝授官矣，来谒懋第。懋第曰：‘此非吾弟也。’”但不管哪种说法，他曾在吏部稽勋司任职这一点应该没有太大疑问，并且距离宋应亨有段时间。

在明末，主管大小官吏的勋级评定、籍贯、丁忧事项的部门，长期有莱阳人任职，用现在的话来说就是，这个地方挺出人的。

青年吴三桂曾增援胶东

吴三桂的人生，可以明显分为两大部分，降清之前和降清之后。

降清之前，吴三桂总体就是一个普通的明朝边将，并没有太多人关心他的生平；而降清之后，他一跃成为改变历史动向的“大人物”，无论詈之誉之，时人都关心着他的一举一动。这种前后反差，也使得史料对吴三桂不同时期的记载，内容详略差异颇大。中老年的吴三桂，已为世所熟知；而青年时期的事迹，却鲜有人闻。本文要介绍的，就是吴三桂青年时期的一段经历。

崇祯五年（1632年）初，吴三桂刚刚二十岁（关于吴三桂的出生时间，清史稿并未记载，从其去世时间及年龄推断，多认为他生于1612年）。这年一开春，他和父亲吴襄所效力的关宁铁骑就接到命令，从辽西南下胶东，前去平定孔有德的叛乱。

此前一年年底，孔有德在率部驰援关宁时，于吴桥哗变，回师登州，在耿仲明的内应下，一举占领府城。转过年头，装备一新的孔有德叛军又大举西进，兵临莱州城下。

莱州为半岛之咽喉，倘若失守，不但整个胶东将落入叛军之手，山东内地也将门户洞开。叛军既可西进济南，亦可北攻京师，明廷岌岌可危。

此时，增援莱州就成为明朝的当务之急。朝廷先后调遣数万兵马，然都畏惧叛军声势，驻扎于胶莱河西岸之昌邑，不敢东进，而叛军围困莱州愈急。

无奈之下，明朝一咬牙，下令从号称举国精锐的关宁铁骑中抽调人马，南下平叛。关宁铁骑到底有多少兵力？不同时期、不同史料当中的记载大多不同，大约在数万人规模。因为其主要任务是抵御后金，所以此次南下平叛，抽调的人数并不算多，共四千八百余人。

清代版的《登州府志》对这支关宁铁骑中的将领有详细的记载，其中，总兵金国奇为帅，副将靳国臣、刘邦域，参将祖大弼、祖宽、张韬，游击柏永馥。吴襄此前曾任总兵，后因过降职，此次出征，携带儿子吴三桂同在军中效力，志称

“前总兵吴襄及子三桂皆属焉”。

此前，孔有德叛军先后占领黄县、招远等地，所过披靡，志得意满，曾放言：“虽关宁铁骑至，能奈我何？”然而，等关宁铁骑真到了之后，叛军却颇为气虚。

叛军人数远较关宁铁骑要多，但战斗力却相差甚大。两军先后在莱州沙河、黄县北马等地展开激战，叛军皆大败，遂退守登州。明军乘胜追击，收复登州府城，孔有德、耿仲明率残部渡海北上，投降后金，登莱之乱平定。

在这次平叛战役当中，关宁诸将里，以祖宽战绩最为突出，吴家父子笔墨不多，但却沾光不少。史载，战后吴襄官复原职（总兵），吴三桂也升迁至游击，开始在关宁铁骑中崭露头角。

具有讽刺意味的是，此次平叛战役当中，吴三桂与孔有德互为对手，且地位相差较大，后者为叛军主帅，前者为关宁偏裨；而十多年后，帮助清军入关、平定南明势力的吴三桂，被封为平西王，此时的他，已经跟被封为定南王的孔有德，平起平坐了。

明末另类的闯关东方式

山东人“闯关东”的历史，知者甚多，是一个老生常谈的话题。

不过，如果仔细阅读史料，在老话题当中，也会不断发现

"新"的故事，比如这次要介绍的一个特殊的"闯关东"群体。

他们之所以特殊，在于他们"闯关东"的方式另类。如果说大部分人闯关东，是为了生计而主动前往关外；那么，这一群体"闯关东"完全是被动的方式，直白点说，是被裹挟到关外的。

"裹挟"这种事情，显然不太容易在承平时期成规模的出现，而通常在战乱年代多见。因此，这种另类的"闯关东"情形，集中出现在明朝末年。

明崇祯年间，关外的清军势力越来越强，但受制于关宁防线的阻击，迟迟不得入关，因此，皇太极逐渐改变策略，绕开山海关，从边墙其他隘口入塞，进攻明朝内地。皇太极在位期间，清军入塞六次，其主要目标并非占领土地，而是劫掠财富和人口。山东作为畿辅要地，也多次遭到清军侵扰。不少山东人在此过程中被掠至关外。

在历史上，有多少山东人是以这种方式"闯关东"的，已经难以详细考证，其中有一些名人的例子，可借此管窥一斑。

这一群体当中，知名度较高的，当属在清初曾官至巡抚的李士桢，李士桢的儿子李煦在康熙朝任苏州织造，通常被认为是红楼梦中的人物原型之一。

关于李士桢的籍贯，《钦定八旗通志》记载为汉军正白旗人，但《江南通志》又记载为昌邑人，为何会出现这种情况？清人收录的李士桢墓志铭中有详细的解释："公本姜姓，世居东莱之都昌（昌邑古称）。……壬午，从龙辽左，继正白旗佐领西泉李公，即以李为氏。"

也就是说，李士桢原本是昌邑的姜姓，明崇祯壬午年间，来到辽东，被人收继入旗，改为李姓。

而查考《昌邑县志》，崇祯壬午，阿巴泰率清军入塞，攻潍县不克，遂围昌邑。昌邑军民经过抵抗之后，城破，当地涂炭甚苦。李士桢就是在此时，从昌邑老家被劫掠至关外。

值得一提的是，李士桢、李煦父子虽然改为李姓，但一直心系昌邑姜氏。根据昌邑姜氏族谱的记载，在续修族谱时，族人曾派代表到李煦那里寻求帮助，李煦表示“此余独任也”，慨然出资。

与李士桢从山东老家直接被掠到关外不同，还有一些山东人，是从其他地方被清军掳走，典型的例子是威海卫人黄承宗的两个儿子。

黄承宗在《威海卫志》中有传，根据记载，他是贡生出身，明末任庆都县（河北）知县。明崇祯戊寅年（1638 年），清军从墙子岭和青山关毁边墙而入，兵锋南指，攻到庆都县城下。黄承宗作为知县，率众坚守城池达十余日之久，因有内奸接应，城池被清军攻陷。黄承宗身中数箭，仍坚持巷战，最终壮烈殉国。

他有四个儿子，长子黄朝鍹战死，有两个儿子黄朝钺、黄朝铠被清军抓走，被编入正黄旗当中，被改名为王世功、王世禄，后来都做了官。而根据《威海市志》记载，黄承宗还有一个小儿子黄朝钦，没有改姓，后来迁居威海的黄家皂村。

从以上例子可以看出，这些山东人被掠至关外之后，基本都要更改姓名。不过，有相当一部分人不忘先祖，在特定情况下，会申请换回原来的姓氏。清雍正年间曾任广西巡抚的金鉷，就是一位改回原姓的“闯关东”后裔。

根据《清史稿》记载“金鉷，字震方，汉军镶白旗人，世居登州。父延祚，從世祖入關，官至工部侍郎。”由此可见，金鉷祖上为登州人，他虽然隶属汉军镶白旗，但属“闯关东”后裔，应无疑问。

不过，金鉷的父亲在史料中记载的姓名并非金延祚，而是郭延祚，在雍正前期的奏折当中，金鉷的姓名也是郭鉷，这其中有何委曲呢？

值得一提的是，金鉷在广西巡抚任上，曾与清代大才子袁枚有过交集，他称赞举荐过袁枚，袁枚对他也心存感激。金鉷去世之后，袁枚为他撰写祭文，即《广西巡抚金公神道碑》，对金鉷的家世有详细记载。

碑文称："公讳鉷，字震方，一字德山。祖友胜，本姓金，袭明金带指挥，世居山东登州。流贼破城，友胜死之，存三岁儿名延祚。太夫人余氏将死，属诸侧室赵氏……赵氏挈儿至辽阳，转适郭氏。既长，从本朝入燕，历任工部侍郎，生公。及公贵，始复姓。"

以上记载，与《蓬莱县志》《山东通志》的说法吻合，应属可信。

按此，金鉷的祖父名为金友胜，为明代登州卫指挥，崇祯四年（1631 年），孔有德发动叛乱，攻陷登州，金友胜战死，其正妻余氏殉难，辞世之前，余氏将三岁的儿子金延祚嘱托给妾赵氏。赵氏带着金延祚辗转来到关外的辽阳，改嫁给郭姓人，金延祚因此改姓为郭，就是后来的郭延祚。郭延祚的儿子就是郭鉷，郭鉷后来显贵，重新将姓氏改为金。

赵氏是如何带着金延祚来到关外的？史无明文记载，但根据蓬莱县志的说法，金友胜生前与耿仲明（同为登州守将）交好，登莱之乱时，金友胜战死，耿仲明还为其收殓。后来，明军围攻登州叛军，孔有德和耿仲明乘船渡海，到关外投靠皇太极。考虑到金友胜与耿仲明的关系，赵氏母子有可能是裹挟在耿仲明军中一同北上。

被裹挟至关外改姓更名，有机会认祖归宗已非易事，回归故里更是一种奢望，不过也并非完全没有人实现。根据史料记载，现在青岛莱西市辇止头的任氏家族，祖上就有一位人物，属于这种情况。

在辇止头村，有一处古井清泉的景点，景点内有一块碑文，记载了清初该村名人任惟灿的事迹。

任惟灿，字四光，生于 1628 年。在他还没弱冠之前，

1643年，阿巴泰率清军入塞，劫掠山东，不仅之前提到的昌邑被攻陷，莱阳县也遭劫难，当年为癸未年，后世多称莱阳“癸未邑难”。在此次变乱中，十多岁的任惟灿被掠至关外，编入汉军蓝旗（正蓝或镶蓝未详细记载）。

在清代，汉军旗人在做官时的顺位比较优先，因此任惟灿后来也入朝为官，官至千总、武略骑尉、文林郎。

任惟灿同样心系故里，在七旬左右辞官后，他选择回到辇止头村居住，多有善举，民间颇有口碑。

实际上，以上提到的这些人物，只是明末被掠至关外的山东人当中的很小一部分。根据清代史料记载，仅阿巴泰入塞一役，清军就攻克三府十八州六十七县共八十八城，抢走黄金一万二千二百五十两，白银二百二十万五千二百七十两，俘获人口三十六万九千余。

这些人当中，有的因为后来出人头地，家世资料保存相对较完整。但对于大多数的普通人来说，被掠至关外后，数代之后，祖籍地就已经很模糊了，只能勉强记得登州府或者莱州府、济南府这种大范围的地名了。

清代首次科考中的登莱籍进士

顺治三年（1646年），清廷举行了入关之后的首次会试科考。按照干支纪年，当年为丙戌年，此次考中的士子，也一般称之为顺治丙戌科进士。

与承平之时的科考不同，当时清廷入关不久，南明政权尚存于闽浙粤桂，参与丙戌科考试的省份范围有限，以北方居多。因此，丙戌科在后世的评价不一，持非议者不在少数。

当时山东全境已经纳入清朝统治，根据史料记载，有不少明代望族（如莱阳左氏等），起初也采取了“隐居乡野”等方式，拒绝参加清朝科考。不过，在古代“学而优则仕”观念的影响下，读书人的出路唯有科考为正途，故参加丙戌科科考者，也不在少数。

在这次特殊的科考中，聊城人傅以渐考中状元，其他山东籍的进士也有九十多人，占到了该科进士总数的四分之一左右。

清初沿用明制，胶东半岛仍是登州和莱州二府的区划，在顺治丙戌科当中，有不少登莱籍的进士，其中一些在后世也颇有名气，下面就简要列举当科的登莱籍进士名单（排序参考清代《山东通志》）。

当年的登莱籍进士中，掖县人王炳昆排名最高，他是二甲第四名，即总排名的第七位（一甲有三人，为叙述方便，下文都统称总排名）。

在王炳昆之后，有两位胶州人排在十名左右，分别是排名第十的李世镐和排名第十四的法若真。

此次科考当中，胶州籍进士数量不少，且排名相对靠前。除了刚才说的李世镐和法若真之外，前一百名当中，还有匡兰兆（第二十三名）和法若贞（第六十七名）。从中也不难看出，胶州法氏是当地的大族。

除了刚才介绍五位之外，还有另外五位登莱籍进士排进了当科的前一百名，他们分别是平度人官靖共（第四十九名）、蓬莱人王一骥（第五十七名）、莱阳人赵维旗（第七十三名）、掖县人王舜年（第七十六名）、高密人单若鲁（第八十一名），其中，平度官氏、莱阳赵氏、高密单氏之前就已经是当地的望族。

在百名开外的登莱籍进士还有：蓝滋（即墨人，第一百零九名）、韩充美（即墨人，第一百一十二名）、王廷猷（潍县人，第一百一十七名）、李唐裔（栖霞人，第一百一十八名）、林起宗（文登人，第一百二十五名）、单父令（高密人，第一百四十五名）、蔡永庄（蓬莱人，第一百五十九名）、李世铎（胶州人，第一百六十一名）、宫廷珍（蓬莱人，第二百十八名）、刁升（即墨人，第二百六十四名）、沙澄（原籍莱阳，后占籍蓬莱，第二百九十二名）、郭知逊（潍县人，第三百五十二名）、曲圣凝（宁海州人，第三百五十八名）、孙镜（栖霞人，第三百六十二名）。以上合计，丙戌科登莱籍进士共二十四人。

虽然都是进士，但他们此后的仕途生涯不尽相同，与当初的排名也不一定是正相关。其中，排名第七的掖县人王炳昆官至江西储粮道，高密人单若鲁官至国子监祭酒，其他的人以监察御史、给事中等言官居多。值得一提的是，排在第二百九十二名的沙澄，虽然起初不太显眼，但就官衔来说，应该是登莱这一批进士当中最高的一位，他后来官至礼部尚书。

清代胶东之“冲繁疲难”

百强县，是现代人在区分县的等级强弱时经常用到的一个概念。而在清代，虽然没有这个称呼，但也有对县的评级体系，那就是雍正年间确立的“冲繁疲难”制度。

冲，大体意思就是地当要冲；繁，指的是政务（主要是钱粮）繁忙；疲，指的是积欠较多、府库空虚；难，指的是纷扰较多，施政较难。在评价一个县的时候，以上四个字用得越多，就说明县的地位重要，官职就是“要缺”；字数越少，甚至没有（通常用一个“简”字），官职就是“简缺”。要缺和简缺虽然同样是一县之长，但品级有所不同，从简缺的县调任要缺的县，名义上都是知县，但实际上属于提拔或重用。

那么，胶东半岛地区的各个县，在清代都是什么等级呢？

这里的胶东，并非狭义上的胶莱河以东，而是清代的登州和莱州两府（清末胶州从莱州府分出）。按照这个标准，胶莱河以西的昌邑、潍县、高密、胶州（胶县）都在这一范围内。

根据《清史稿·地理志》的记载，登州府辖一州九县，其中，蓬莱为登州府驻地，评级为“冲、繁、倚”，除此之外，还有四个州县被评为“冲、繁”，分别是福山、莱阳、文登、宁海（牟平），剩下的五个县当中，招远、栖霞、海阳、荣成被评为“简”，而黄县被评为“繁”。

莱阳、文登、宁海被评为“冲、繁”可以理解，莱阳算是登州西部的一个交通中枢，文登则是东部的要地，宁海的位置也比较关键，其中文登和宁海两地在清代都设营驻守，文登为文登营，宁海为宁福营。

以上三个县的面积也都很大，雍正至清末这段时间，莱阳包括莱西，宁海包括乳山大部，威海尚在文登辖下，耕地较多，钱粮份额也比较大，因此为“冲、繁”。

而在四个“简”县当中，招远和栖霞地处山区，当时黄金尚未大规模开采，按照产粮标准衡量，的确算是“简”。而海阳和荣成也被评为“简”，主要是建县时间比较短（雍正末建县)，并且当时衡量经济的标准主要是粮食而非海产。因此，现在的百强县荣成，在当时并不算出彩。

黄县被评为“繁”，应该是因为靠近府城，商贾繁荣，政务较繁的缘故。

值得一提的是，福山县原本规模不大，不算要缺。但自从烟台开埠之后，成为海关税收重地，福山也因此水涨船高。清同治五年(1866年)，朝廷就专门下令：“改山东福山县知县为要缺。在外拣员升调。”

刚才介绍的是登州府下属各县，接下来看看莱州府的情况。

根据记载，莱州府驻地掖县，与登州府驻地蓬莱县，同样是“冲、繁、倚”。不过，因为莱州府辖区平原较多，故“简”县较少，多数为“冲、繁”要缺。

莱州府辖掖县、平度、潍县、昌邑、高密、即墨、胶县，其中只有位于腹地的平度和高密评级为“简”。平度面积辽阔，按说应该为“繁”，但或许因为平度州城不在驿道上(驿道从昌邑经新河、灰埠至掖县)，并且全境不靠海，故评为“简”。

而北面潍县和昌邑作为胶东的门户，地当要冲，评级都较高，潍县为“冲、繁、难”，昌邑为“冲、繁”。而南面的胶州和即墨，属于南部沿海要冲，地位也比较重要，尤其在青岛开埠之后更是如此，因此胶州评级为“冲、繁、难”，即墨评级为“冲、繁”。

1912年以后，县的评级标准发生变化，主要侧重于人口和面积。当时的县共分五等，胶东区域内，被划为一等县的有掖县、莱阳、即墨和平度，其中，掖县、莱阳和即墨在清代也都是“冲、繁”要地，平度由“简”变为一等县，则是面积大、人口多的缘故。

清代之登州镇总兵

阅读胶东历史资料，经常会看到“登州镇总兵”这一官衔。起初，以为其管辖范围仅限于胶东半岛，但详查方知，登州镇总兵不仅可以统辖胶东各营兵马，盛时一度能节制山东全省绿营，堪称重镇大员。那么，登州镇总兵的历史由来和职权范围，具体是什么呢？

一、由来

清承明制，登州镇总兵这一官衔虽然主要存在于清代，但其肇始，则是在明末。

登州向来为海防要地，唐宋之时，就常派兵驻守。到了明初，为了防御倭寇，先后有登州卫、登州营之设。至万历、天启时，朝鲜之役、后金战争相继爆发，尤其是在辽东半岛大部失守之后，登州的战略地位进一步提升。因此，明朝陆续在胶东地区设置登莱巡抚和登莱总兵，构筑起对后金的海上防线。

清光绪本《登州府志》载：“天启元年（1621年）设登莱巡抚赞理军务，专辖沿海屯卫兼辖东江诸岛；二年设登莱总兵。”

登莱总兵即登州镇总兵之前身。不过，明末政令多变，地方官职也屡有调整。登莱巡抚和登莱总兵时设时裁，后登莱巡抚重新设立，而登莱总兵移镇临清，此职不复设立。

在明末清初的十几年间，山东省境内共有临清、沂州两镇总兵，临清镇控制山海，沂州镇捍御漕河，两镇的管辖范围，大致以齐长城为界，齐地归临清镇，鲁地归沂州镇。胶东属其地，在临清镇辖下。

这种局面到了顺治十一年（1654年）之后逐渐改变，当年沂州镇改为胶州镇，顺治十七年（1660年），以临清镇于登州，改为登州镇。到了此时，登州镇总兵这一官衔，才正式出现在历史舞台上。

二、管辖范围

登州镇总兵设立之初，管辖范围应与原临清镇大致相同，其辖下大营主要有文登营、武定营和宁福营等。

到了康熙二十二年（1683年），胶州镇降为胶州营，裁撤总兵，改设副将统领。此时，整个山东省境内就只剩下了一个总兵，即登州镇总兵。按照绿营兵制，总兵之上为提督。而在康熙二十一年（1682年），山东提督就已经裁撤，虽然巡抚亦可节制总兵，但毕竟属于文官序列。因此，在当时山东省内的绿营兵体系内，登州镇总兵是实质上的最高官职。故，《登州府志》称：“通省二十七营，皆归本镇节制。”

不过，登州地处胶东一隅，到山东内地路途遥远，古代交通不便，有鞭长莫及之感。因此，到了雍正年间，清廷再次做出调整，在内地设立兖州镇，与登州镇分治。调整之后，在登州镇总兵辖下的有文登、胶州二协，以及济南、莱州、即墨、青州、武定、安东、宁福、寿乐等营。从现在的区划来看，德州、东营、滨州、济南、淄博、潍坊、烟台、威海、青岛、日照等市，山东全境的海岸线，都在登州镇总兵的辖下。

到了嘉庆年间，朝廷再次调整，兖州镇分出曹州镇，登州镇的部分辖区划给兖州镇。调整之后，济南营、武定营、安东营划给兖州镇，剩余部分归登州镇。此时，登州镇总兵管辖的范围，大致就相当于登州、莱州、青州三府之地（与文官中的登莱青道相仿），也就是最广意义上的胶东地区。

三、历任总兵之代表人物

登州镇临近渤海海峡，控遏京畿咽喉，因此颇受朝廷重视。乾隆皇帝就曾在上谕中说："山东登州镇总兵缺，甚属紧要，朕已将顾春调补。"(《清实录》)

在这种背景下，能当上登州镇总兵的，自然也不是一般人物。

乾隆十一年（1746年），调任登州镇总兵的，是来自汉军镶黄旗的马负书。马负书的名字，听起来像个文人，但他却是武状元出身。史载，乾隆元年（1736年），马负书考中一甲一名武进士（状元），授头等侍卫。五年（1740年），授山东莱州营参将；七年（1742年），迁胶州营副将；十一年（1746年）任登州镇总兵。总兵是二品武官，一般人可能需要几十年时间才能熬上，不过马负书是武状元出身，起点较高，又是旗籍，因此升迁较快。离开登州镇之后，他辗转在闽粤任上，最终升任福建陆路提督，成为一品大员。

清代中前期，虽然屡有战事，但基本都没有涉及登州镇。不打仗，总兵因此也不出名。在历任登州镇总兵当中，知名度最高的，当属光绪年间的章高元。在德国强租胶州湾这一历史事件当中，他作为当事人，名字被屡屡提及。

章高元为合肥人，属淮军将领，在他的一生里，曾多次与外国军队打过交道。中法战争、甲午中日战争以及德国强租胶州湾事件中，都有他的身影，可惜结果是每况愈下，中法战争中，他协助刘铭传守台有功；甲午中日战争，他在辽东作战不利；德国强租胶州湾时，他作为时任登州镇总兵，被幽（被俘）。梁启超撰写的《李文忠公事略》记载：“德人闻报，即日以兵船闯进胶州湾，拔华帜，树德帜，总兵章高元掳焉。”

当时，清军与德军战斗力相差悬殊，因此胶州湾失守，亦难以苛责章高元。他被释放之后，调任其他职务，平淡收场。

章高元虽然调离胶东，但他的影响一直留存至今。现在青岛海边的著名景点栈桥，根据记载最早就是由章高元所设。只不过，他当时建设栈桥是出于军事功能考量，而如今则是游人如织的地方了。

清代胶东半岛之海盗

“山东多响马”，是过去在民间很流行的一句俗语。

所谓响马，即“土匪”的俗称（古代官方史书一般称之为贼、盗或匪），他们通常以拦路劫掠为生。而在古代，有陆路和水路之分，“盗”自然也有“土匪”和“海盗”的区别。胶东半岛三面环海，古代是商船南下北上的必经之地，因此也曾有海盗出没。明代胶东沿海卫所的一个重要职能，就是镇海备倭（有真倭，有假倭）。进入清代之后，倭患基本不存，但沿海仍不时有海盗的踪迹。在史书当中，就有不少关于胶东半岛海盗行踪的记载。

清康熙朝，是海盗在史书中出现比较频繁的时期。由于清初实行海禁政策，不少沿海岛屿居民稀少，防守力量不足，遂多为海盗占为中转据点，其中威海卫城对面的刘公岛，就一度为海盗盘踞。

据《威海卫志》记载，"康熙四十二年（1703年）七月初六日，贼船四只自东来袭两商船，商船泊教场头，贼船泊刘公岛，相持二日。"

康熙年间，胶东卫所尚没有裁撤，威海卫有城有兵，海盗居然敢公然袭击停泊在教场边上的商船，令人瞠目结舌。

为了抵御海盗，当时的威海卫城中，将领云集，除了威海卫守备之外，文登营副将、宁福营守备等先后带兵驰援，到了后来，还惊动了二品大员登州镇总兵（时任总兵王文雄）。但在战事之初，海盗的气焰仍是很嚣张，志称："初九日，贼扬帆放炮，商人急遽奔岸，贼遂攫货物，牵商船于刘公岛前焚之，火光烛天。"

随着登州守军的驰援，威海卫方面采取大炮远程轰击的战术，阻止海盗登岸，但也无力出海征讨。到了八月中旬，海盗扬帆而去，持续一个多月的海盗滋扰总算告一段落。

《威海卫志》的记载，主要是为了体现守卫一方的努力，但在字里行间，也不难看出海盗的嚣张气焰。

那么，为何海盗会有如此底气？清代中前期，胶东海防力量的薄弱是一个主要因素。

清朝以骑射起家，立国之初，对水师不甚重视。根据《清史稿》记载，"设登州水师营守备，登州、莱州、临清、济南各营游击或守备四，兵共一千二百有奇。"胶东半岛海岸线漫长，这一千二百人的兵力，即便全部用于海防，也不敷使用，更何况还要扣除其他区域的防守人数。如果水师全员出击，对抗海盗，胜算还比较大，但海盗作战机动，登州水师被动防御，显然比较吃力。

到了康熙五十一年（1712年），又有一次规模较大的战事记载在史籍当中，这次地点改到了鸡鸣岛（现属荣成，当时属文登）。《荣成县志》载："康熙五十一年（1712年）十月十七日，海贼抵鸡鸣岛，水师后营游击滕国祥率舟师捕之，贼艇围攻纵火，国祥力战死，一舟五十人，仅余被伤数卒……得免。"

就记载来看，这次作战算是清军水师主动围捕，但似乎力量仍不足以震慑海盗。尤其是在装备对比上，双方差距不大，海盗在战斗中也使用药枪火炮，甚至派出小艇，围攻水师的大船。此次战斗中，水师损失较大，统兵将领滕国祥也力战阵亡。

滕国祥阵亡之后，朝廷给予很高的哀荣，他生前的官职是游击，死后追赠参将，又加骠骑将军，在京师入祀昭忠祠，在蓬莱入祀忠义祠，蓬莱和荣成两地的县志，都对他的事迹有记载。

按说，将领亡于海盗，应该引起清廷的重视，但从康熙朝至乾隆及道光、咸丰年间，登州水师并没有见到实力增强的迹象，海盗的行踪也不见消弭。

道光十九年（1839年），光禄寺少卿慕维德上奏了几件骇人听闻的事情，奏折称："山东登州海面，贼船滋扰。七月十九日，黑山岛有赴鼍矶岛（砣矶岛）嫁女者，中途遇贼施放鸟枪，立毙居民二命。又有大杉船在大竹山岛被贼抢劫，将柁工绞死，余人牢禁舱内十余日。"

朝廷下令追查此事，最后得出的结论是"查无嫁女毙命贿放盗船情事"，但慕维德是蓬莱籍，他的奏折应该并非完全是

“空穴来风”。并且，负责调查此事的人员也承认：“洋面辽阔，水师单弱，战船失修（登州水师营旧有官船四只）。”

而到了咸丰元年（1851年），登州水面又发生了“骇人听闻”的事情，这次是上下都承认“确有其事”。当年八月，山东巡抚陈庆偕奏，“登州水师船被贼掳，副将落水。”水师的战船居然被海盗夺走，副将落入水中，如此情形，的确骇人听闻。

咸丰一朝，内忧外患，海盗案件也为数不少。咸丰七年（1857年），大臣端华上奏：“江浙运粮庄合顺等沙船四只，在山东苏山、养马岛各洋面，被盗劫去漕米多寡不等，并劫去经费银二千三百余两。”

上文中提到的苏山岛在荣成，养马岛在宁海，相距约两百里，海盗先后作案，当时海上治安情形，可见一斑。因为漕米是江南供应京师的粮食，清廷对此很是重视，接连下旨叱责，称：“该水师将弁所司何事？”（干什么吃的？）

同时，清廷重申海上划片管理原则：“所有苏山等洋面，如在石岛迤北，著崇恩将东省所派镇将等、从严参办。若在石岛迤南，则江省将弁、无可辞咎。”意思是，荣成的石岛，大致为负责海上漕运安全的分界线，石岛以北，由山东省负责；石岛以南，由江苏省负责。不过，从史料的记载来看，此事并无下文，似乎不了了之了。

清朝水师无力征剿海盗的情况，大概到了清末才逐渐改变。在李鸿章的主持下，清朝购进多艘铁甲战舰，北洋水师也于光绪朝成军，昔日海盗曾侵扰的刘公岛，成为北洋水师提督衙门驻地，在这种情况下，一般海盗的木制帆船显然已经无法对抗清军的铁甲战舰（电视剧《铁甲舰上的男人们》有此细节）。

此后，清廷公文中关于大股海盗的记载就不太多见。当然，零星小股在清末民初还是存在的，《渔岛怒潮》《大秧歌》等作品中都有体现。

蒲松龄笔下的招远郛镇

在蒲松龄的《聊斋志异》当中，有不少故事涉及胶东地区。

比如反映于七反清事件的《公孙九娘》，与清初莱阳名人宋琬有关的《喷水》等等。

蒲松龄虽然不是胶东人，但他的出生地淄川，距离胶东不算太远，所见所闻多与胶东有涉，也在情理之中。

在故事《王六郎》中，蒲松龄就提到了招远县郛镇这样一个胶东地名。

《王六郎》是《聊斋志异》第一卷中第一个比较长的故事，相信看过书的朋友应该都有印象。相对而言，这篇故事里虽然也有鬼，但并不惊悚，反而很有“人情味”，其报恩向善的中心思想，也乐于被读者接受。

这篇故事的大体梗概是：淄川一位许姓人以捕鱼为业，他喜欢夜间下网，一边劳作一边喝酒，喝酒的时候会撒一些在地上，如同祭祀一般，并且还有祝词：“河里的淹死鬼，喝点酒吧。”结果，每次捕鱼，其他人都收获寥寥，只有这位许姓人满载而归。

到了后来，才知道原因。原来这条河里真的有一位淹死鬼，名叫王六郎。王六郎当年因喝醉溺死，而许姓人每次撒给河鬼的酒，都被王六郎喝到。为了报恩，王六郎每次都在上游为许姓人赶鱼入网，帮助他有满满收获。

王六郎当时虽然已经是鬼，但有报恩之心，且许姓人跟他相处有些时日，因此，他说出身份之后，许姓人并未感到害怕，而是一如既往，两人成为莫逆之交。

后来有一天，王六郎突然向许姓人告别，说在河中为鬼时间已满，将有人来替代。没想到的是，第二天是一位带孩子的妇人落水，王六郎心生恻隐，将妇人救上岸。没有人替代，王六郎继续在河中为鬼，许姓人也跟他相处依旧。

过了一段时间，王六郎又跟许姓人告别，这次不是有人替代，而是因为他上一次救人的举动感动上天，他由鬼封神，调任招远县邬镇的土地神。相处日久，离别不舍，两人相约在招远再见。

许姓人回家之后，马上出发，他“制装东下，东行数百里”，来到招远县境内之后一打听，果然有个地方叫邬镇。而到了邬镇之后，虽然没有见到王六郎，但受到了当地人的热情接待。原来土地神已经托梦给当地人，说有许姓朋友会从淄川来，让他们好好接待。许姓人大为感慨，焚钱纸祭祀，夜里在梦中又与王六郎相会。故事最后以圆满的方式结束。

在故事中提到王六郎任土地神的地方，是招远县的邬镇，这个邬镇现在是哪里呢？

查询招远地图，现在招远境内并没有叫作“邬镇”的地方，退而求其次，带有邬字的也找不到，只有几个村庄带有“坞”字，分别是城郊的北坞党和南坞党以及毕郭镇境内的大霞坞和西霞坞。

推测的话，有可能因为蒲松龄是外地人，提到招远的地名采用简称，邬镇或许就是带有“邬”（“坞”）字镇集的意思。

招远这几个带有坞字的村庄，哪个有可能是蒲松龄笔下的邬镇呢？

查询招远地名资料，基本可以排除大霞坞和西霞坞的可能，根据记载，大霞坞原名并不带坞字，在清道光年间才改为霞坞，西霞坞与之相同。

而相比之下，南北坞党的可能性就较大一些。根据招远地名资料的记载，南北坞党距离县城东南六里左右，靠近招城东河，由于河水的冲积，历史上这里曾形成坞塘 ，元初建村时就以此命名，到了明初，山西大槐树移民迁到此处，将村名改为坞塘镇，后来才变为坞党。

坞塘镇和邬镇这两个名字已经很相似，并且从逻辑上来说。在当时的通讯和交通条件下，许姓人从淄川到招远，应该是先直奔县城，到了县城再打听。根据原著中的说法，许姓人到了招远很快就打听到了邬镇，这证明邬镇距离县城并不远。

综合起来看，现在招远市的南北坞党村，很有可能就是蒲松龄笔下的招远县邬镇。笔者曾听当地朋友提起，坞党村老辈诚有此传说，但传说是在蒲松龄著述之前，还是在此之后，就不得而知了。

清代平度采金之纠结

胶东半岛是全国有名的黄金产区，众所周知。

但提及胶东的黄金，多数人想的通常都是招远或者莱州，尤其是招远，有金都之称。但实际上，招远和莱州的黄金固然有名，而胶东其他县市，如栖霞、蓬莱、牟平、乳山、海阳等，都有金矿。青岛的平度，也是一个不太为外界所知的黄金产地。

根据《平度市志》的记载，“金为平度主要金属矿种，是山东省黄金储量和黄金生产的重点县份之一，主要分布在旧店、石桥、大田、两目、青杨、灰埠、云山、洪山、官庄、马戈庄、大泽山等乡镇。其中旧店、石桥为黄金富集区。”

实际上，平度产黄金，并非是现代才有的事情，在清代的官方史料中，就多次提到此事。只不过，在当时勘探和开采技术有限，产出和收益往往并不对称。因此，平度的金矿到底挖不挖，这个问题曾让清廷很纠结。

清代中前期，一方面国力强盛，一方面受“挖矿动气”的传统观念影响，清廷对开采金矿并不热衷，在很多地方甚至明令禁止。而到了鸦片战争之后，随着内忧外患的加剧，清廷急切需要寻找新的财源，此时对开矿挖金的态度也逐渐转变。

咸丰五年（1855年），一件关于开采平度金矿的呈请递送到清廷中枢。这件申请的提交人，名字叫作“孙九翱”，在史料的记载中，他的身份是“未入流”（小官）。

呈请中写道：“山东莱州府属之平度州地方，雕化涧、金山、三座山等处，发露金苗，周围二十余里。该职员情愿自备资斧。试行开采。”

平度州好说，雕化涧、金山、三座山这几个地方在哪里？有的朋友或许并无概念，其实它们都在旧店镇附近。通过地图查找，在旧店镇厂口涧村不远处，有一座“金山”，还有一座“酸枣山”。金山的名字与史料记载相同，而“三座山”和“酸枣山”应该是方言谐音的关系吧。而在厂口涧村以北，还有个九里夼村，也是平度有名的黄金产地。

清廷收到孙九翱的呈请之后，经过研究，下令：“著崇恩

（时任山东巡抚），酌派道府大员，带领该员孙九翱、于所称发露金苗各处，亲历详勘，据实具奏。”但崇恩奉命勘探之后，奏称：“平度州金矿，得不偿失，请仍封禁。”

这次开采没有成功，但很多人并不灰心。到了咸丰九年（1859 年），又有人上奏朝廷，还是请求在雕化涧、金山、三座山等处挖金。这次上奏的是“给事中”清安，他在奏折中说：“山东平度州、三座山、雕化涧等处、发露金苗。堪以开采。并称有商人薛普等、情愿自备资斧。前往承办。”清廷又下令崇恩派员查勘，然而崇恩又上奏“该处并无金苗发露”。

或许是财政压力加大的缘故，这次清廷研究得比较深入，下令找到商人薛普，派专人与他一起前往平度州，重新查勘。“如果矿苗丰旺。除费用外尚有盈余。堪供课税。即责令该商等、试行开采。”（《清实录》）

不过，这件事情的下文如何，《清实录》中找不到相应的记载。从咸丰十一年（1861 年）的一次上谕可以推断，薛普的计划应该没有成功，平度金矿仍处于封禁状态，不许开采。史料记载：“山东平度州旧店地方，向有金矿，前经封禁。近闻该处聚集匪徒三四千人。搭盖棚厂，肆行开采。”也就是说，当时朝廷并未批准平度开矿，但民间仍有私人开采。

从史料记载的情况来看，清廷之所以迟迟不批准开矿，主要原因是开采技术有限，成本过高，不够划算。清末名人马建忠（为烟台东炮台题词的人），曾经写过一篇《富民说》的文章，中间提到平度金矿开办的例子，他说：“初延矿师，不能预算矿脉之浅深长短，与所含金质之多寡，以及分化硫金之难易，而建厂购机凿井任其指挥，及知已为所误，而借之期已届，再贷无由，主其事者万分拮据。”也就是说，平度金矿开采之初，成本投入比较大，入不敷出。

当然，成本大是相当于清代官办或者官督商办的金矿而言，民间私人开采，自己出力，且不给官府交税，就不存在这一问题。但这样对清朝财政没有帮助，因此朝廷一直严令禁止。

不过，虽然这个问题让清廷一度很纠结，但随着世代和科技的发展，平度金矿开采后来还是摆上了正式日程，延续至今。

牟平的野兽惊动乾隆皇帝

昆嵛山是胶东半岛名山，不仅自然风光优美、人文底蕴深厚，并且带有“神秘性”。这种神秘性与一种猛兽有关，那就是狼。

山里有狼，在古代算不上是一件神秘的事情。但随着社会的发展，人类活动空间越来越大，渐渐的，很多地方早已看不到狼的踪迹。只有一些人迹罕见的深山老林，才保留着狼的传说。但大多也只是传说，真迹若隐若现，相当神秘。在烟威地区，如果说有哪座山还可能有狼的话，那么，昆嵛山一定是呼声最高的。实际上，前几年也的确有相关的新闻见诸媒体报道。

现在的昆嵛山有没有狼，说不准。但在老辈有狼，这是肯定的。不仅是有，而且还不少，曾“惊动”过乾隆皇帝。

“遵旨查禁民间鸟枪。惟登州府属宁海州地处深山，多藏猛兽。该州向分八乡。各择壮勇一人。官给编号鸟枪一杆。梭巡驱逐。应请照猎户例、酌留以资捍卫。”清乾隆四十八年（1783年），时任山东巡抚的明兴，向朝廷上报了这样一道奏折。

当时，为杜绝造反，清廷实行“查禁鸟枪”（火铳）的政策。只有特定的群体，比如说猎户，经过批准之后，才能持有火器。但在执行过程中，各地陆续上报了特殊情况，在山东巡抚任上的明兴，上报的就是宁海州（牟平）的例子。

而牟平之所以特殊，原因就在于“地处深山、多藏猛兽”。结合其他史料记载和民间传说来看，这里的“猛兽”主要指的是狼。

清代的牟平（宁海州）范围比较大，包含后来的烟台莱山区、烟台高新区和威海乳山市的一部分，共分为八个乡，分别是：连海乡、普济乡、昆嵛乡、荆山乡、青山乡、城阴乡、胜水乡。

这些“乡”境内，或多或少多有大山，如卢山、桂山、峼山、垛山等等，当然，最有名的还是昆嵛山。在当时，村庄的规模、密度都比较低，村与村之间的交通往往要经过荒无人烟的山路，而如果此时出没，就很危险。因此，牟平乡间为了保护安全，不少人都带有鸟枪等武器。

在这种情况下，一方面要执行中枢的指示，一方面要考虑到地方的特殊，明兴选择了折中的处理方式，在八个乡当中，各自选派一名乡勇，由公家发给编过号的鸟枪，用于巡逻。因为一个县境内的狼多，而专门向皇帝上奏申请保留鸟枪，这在历史上也算是别具一格的事情了。

明兴的建议后来具体如何在牟平执行？暂时没有查到相应的史料。不过，当地狼的数量持续下降应该是可以肯定的事情。二十世纪三十年代修撰的《牟平县志》记载道：“县境多山，狼常出没为人畜害，近以人烟稠密，狼迹渐稀。”

在那时，虽然“狼迹渐稀”，但在野外还是有。笔者在探访昆嵛山区村庄时，曾向多个村庄的老人请教，不少人都说曾远距离见过狼或很清晰地听过狼叫。只不过，越往后，狼的踪迹就越少。二十世纪八十年代修撰的《烟台市志》还将狼明确列在野生动物当中，而今，到底有没有狼，已经成为一个有些神秘的话题了。

清代登莱各城之规模

在古代，“城”有严格的定义。

《说文解字》曰：“城，以盛民也，从土从成。”大体意思就是，城相当于土做的容器，用来盛人的。也就是说，只有围起来，才能称作是“城”。这一点跟现代意义上的城相比，有些区别。

因此在过去，要衡量一座城的规模，最简单的方式就是看城墙的周长、高度和厚度。周长主要体现的是城的大小，而高度和厚度则主要体现城的坚固程度。

清代中期，在裁卫设县之后，胶东半岛的“城”的数量基本稳定下来。当时，登州府辖十个州县，莱州府辖七个州县，合计共十七座城。而此前作为军事性质的卫城和所城，因为级别下降，逐渐演变为普通村落，就不再计入。

这十七座城，从名义上说，不全是县城，有的是府城，有的是州城。但实际上因为“府县同城”“州县合治”，笼统称之为“县城”，也并不为过。

那么，当时胶东半岛十七座“城”都是多大规模？哪些

“城”的规模比较大呢？下面就根据《登州府志》和《莱州府志》的记载，简要介绍一番。

在登州府范围内，十座城的规模如下：

蓬莱县城（登州府城），周九里，高三丈五尺，厚二丈。黄县城，周长原本六里，后来改建为周两里有奇，高二丈四尺，厚二丈。福山县城，周三里，高三丈，厚一丈。栖霞县城，周三里许，高一丈八尺，厚七尺。招远县城，周二里有奇，高二丈四尺，厚一丈二尺。莱阳县城，周六里，高一丈八尺，厚一丈二尺。宁海州城，周九里，高三丈二尺，厚二丈。文登县城，周四里，高二丈五尺，厚一丈。荣成县城，周六里余，高二丈八尺，厚二丈。海阳县城，周八里，高一丈九尺，厚一丈五尺。

在莱州府范围内，七座城的规模如下：

掖县城（莱州府城），周九里有奇，高三丈五尺，厚二丈。平度州城，周五里有奇，高三丈，厚一丈五尺。昌邑县城，周五里，高一丈八尺，厚一丈五尺。潍县城，周九里有奇，高二丈八尺，厚一丈五尺。胶州城，周四里，高二丈五尺，厚一丈二尺。高密县城，周三里九十步，高两丈三尺，上厚八尺，下厚二丈三尺。即墨县城，周四里，高一丈六尺五寸，厚一丈二尺。

从以上记载来看，当时的胶东半岛区域，可以称之为大城的，当属蓬莱城、掖县城、宁海州城和潍县城，它们的周长都超过了九里。

蓬莱和掖县，是登州府和莱州府的附郭县，因此城的规模较大。两者总体差不多，非要分个大小的话，掖县城九里有奇，要比蓬莱城大一些。不过，蓬莱除了常规的县城之外，还有水城。水城周三里许，高三丈五尺，厚一丈一尺。虽然主要是作为军事用途，但和县城加在一起，就壮观程度而言，更胜于掖县。可惜再坚固的城池，也容易从内部攻破。在明末的孔有德之乱时，登州城因为有内应而很快失陷，莱州城则坚守大半年的时间。民间称之为："铁打的莱州，纸糊的登州。"

宁海州城的规模大，也与级别有一定关系。宁海州在设立之初，管辖牟平和文登两县。且明初的宁海卫也设在州城当中，既是州的级别，又是海防重地，城大自然也可以理解了。

在清代登莱两府周长九里的大城当中，潍县城算是级别最低的一个。在明代，潍县甚至要先归平度州管辖，然后再统于莱州府。

但潍县地处胶莱河以东的平原区域，四通八达，自古就是繁华之地。明代之前，级别一直较高，长期是潍州的州城。明洪武年间，潍州虽然由州降为县，但历史底蕴和区位优势仍在，因此保持了大城的体量。在明清时期，潍县亦有"东莱首邑"之称。

在以上四个大城之后，就是周长四里以上、九里以下的中等城。包括莱阳县城、文登县城、荣成县城、海阳县城、平度州城、昌邑县城、胶州城和即墨县城。

值得一提的是，莱州府位于半岛西部，地形相对平坦，境内县城的规模也普遍比较大。除了高密县城稍微小一些之外，其他的基本都是中等以上的规模城。而登州府范围内，除了莱阳和文登两个地大人多的县之外，其余的城规模都较小。荣成和海阳，是因为分别在成山卫和大嵩卫的基础上改设的县城，当初出于海防考虑而城池较大，故延续下来。

周长在四里以下的，就可以称之为小城了。因为按照古代常见的方城计算，周长在四里以下，意味着长宽不足一里。按照这一标准来看，登州府的黄县、招远、栖霞、福山均可算是小城，而莱州府的高密县城，周长也在四里以下。

以栖霞为例，因为城很小，古代文人在形容时，常称之为

“城大如斗”。而福山民间在形容城小时，也有个形象的比喻是：在东门刮风把帽子吹走，就要到西门去捡了。

历史发展是一个渐进的过程。除了荣成和海阳的县城，后来分别迁徙之外。剩下的地方，都是在清代城池基础上发展起现代城区。因此，古代的规模对现在的大小也有一定影响。古代是大城的，现在一般也不小，掖县和莱阳，就是比较典型的例子。

清史中的胶东多胞胎记载

一胞胎常见，双胞胎也不少，但再多的就比较罕见了。因为极低的概率，多胞胎即便在今天也被人们所称奇，更不用说医学科技不够发达的古代了。

在古代，人们会把多胞胎视作一件很大的“异事”，要记录在史书当中。《清史稿》中就收录了国内很多地方的多胞胎案例，其中，就有关于胶东地区的记载。

从记载来看，胶东的莱阳、即墨、黄县和平度等地，都出现过多胞胎的情况。

比如，康熙五十三年（1714年），莱阳人高万言的妻子一胎生下四个儿子；雍正八年（1730年），黄县人高从义的妻子一胎生下三个儿子；乾隆二十九年（1764年），即墨人高岱的妻子王氏，一胎生下三个儿子；乾隆三十四年（1769年），黄县人王偲的妻子高氏一胎生下三个儿子。

康雍乾三代，算是胶东多胞胎的一个小高峰期，而到了道光咸丰年间，胶东相对集中又出现了多胞胎现象。道光十一年（1831年）七月，莱阳人孙洪的妻子一胎生下三个儿子；道光二十五年（1845年）十二月，平度人兰种玉的妻子一胎也生下三个儿子；咸丰二年（1852年）二月，黄县人王经魁的妻子一胎又生下三个儿子。

从地域来看，在以上记载当中，黄县出现多胞胎的次数最多，到达三次，莱阳名列其后，到达两次，即墨和平度各有一次。

值得一提的是，清代的黄县，和现在的龙口市，范围并无太大变化。而清代的莱阳，尤其是康熙年间的莱阳县，相当于现在莱阳、海阳和莱西三市的范围，因此相比之下，黄县的概率显然要更大一些。

从姓氏来看，胶东高姓人出现多胞胎的次数较多，康雍乾时期出现的四次多胞胎案例，虽然分布在不同的县，但都与高姓有关，其中三例是父亲姓高，还有一例是母亲姓高。高姓之外，再就是王姓案例较多，有两例，孙姓和兰姓则各有一例。从概率说，高姓、王姓和孙姓，都是胶东的大姓，人口基数大，出现多胞胎的情况多，也在情理之中。

不过，在史书的案例当中，只记载了姓名，没有记载具体的籍贯，由于年代久远，也已经很难一一考证具体是哪个村庄。相对而言，平度的兰种玉或许是最好考证的，与高姓、王姓和孙姓相比，兰姓的规模要小一些，平度兰姓分布的村庄也相对比较集中。或许就有平度当地的朋友，曾听老人讲过一百多年前村里的多胞胎故事吧。

清代雄崖所的感人爱情

从即墨城区出发，一路向东，走大约百十里的路，经过丰城镇驻地来到丁字湾畔，就会看到一座古代的城郭，那就是明代设立的雄崖所的旧址。

雄崖所，全名雄崖守御千户所，是明代在胶东半岛设置的众多海防卫所之一。其所城自明代建立，经历数百年的风雨，其南门（奉恩门）仍保存相对完好，这在胶东卫所当中，实属难得。因此，喜好历史古迹者，常到此游览。

虽然雄崖所本身是军事定位，但在历史上也留下了不少其他方面的事迹。清代的《即墨县志》，就记载了一个发生在雄崖所的很感人的爱情故事，名为《义烈双美记》。

写这篇文章的人，是清康熙年间的山东学政（一省主管教育的最高官员）刘谦吉。因此，文章虽然没有说明故事的具体时间，但据此推断，应该是康熙年间的事情。

刘谦吉开篇就写道："莱州雄崖守御所屯民陈三义，幼聘同里女王氏。"这一句话就说明主人公的籍贯和姓氏。有的朋友或许会有疑问，雄崖所现在即墨境内，为何上面写的是莱州雄崖所。实际上，这与清初的区划制度有关。在明代，卫所独立于州县，直属都司府管辖。到了清初，卫所功能淡化，虽然没有马上裁撤，但仍做出调整，由府州统辖，相当于与县并列。也就是说，当时的雄崖所，并不属于即墨县，而是归莱州府管辖。到了清代中期裁撤卫所之后，雄崖所才并入即墨县当中。

言归正传，卫所的居民大多是明初迁来的军户，在雄崖所，陈姓就是一个典型的军户姓氏，至今在城中还能找到陈氏祭祖相关的痕迹。文中提到的陈三义，应该就是军户的后裔。

根据记载，陈三义小的时候，就与同乡的女子王氏定下婚约。如果没有意外的话，到了合适的年龄，两人就会拜堂成亲。可就在这时，意外发生了。

王氏突然生了一场病，病后眼睛失明。在当时的社会环境下，遇到这种情况，男方即便悔婚，也不会承担太大的压力。如果两家关系不错，更是可以协商处理。此时，王氏的父亲就主动提出，考虑到自己姑娘的身体状况，建议取消两家的婚约。但陈三义的态度十分坚决，非王氏不娶。最终，两人成婚。

人情冷暖，遇事便知。关于陈三义不悔婚这件事，乡里间议论纷纷，有人认为他有情有义，也有人觉得他傻。不过，陈三义并没有理会别人的评价，婚后跟妻子相敬如宾，“伉俪笃甚”。

过了一段时间，又有一件意想不到的事情发生了，只不过这次是好事。有一天早上，王氏起床之后突然感觉眼里有光感，慢慢能看清人物的轮廓，又等了一段时间，她的眼睛“炯炯如初时”，完全复明了。

在科技和医疗不发达的古代，失而复明这样的事情，几乎不敢想象。王氏的事情，很快就在乡里引起了震动。这次，人们又议论纷纷，但跟上一次的褒贬不一不同，这次舆论一边倒的称赞陈三义，认为是他的“义”感动了上天，使得王氏受到了上天的眷顾。

可惜命运颇为捉弄人，好景不长。陈三义因为家道中落，只能漂泊在外，长期不在家中。王氏只能凭借一人之力，努力生活。

这样的状况持续了好多年的时间，在家中苦苦等待陈三义好消息的王氏，收到了一个噩耗，陈三义客死他乡，年仅三十八岁。

得知此消息后，王氏也做出了一个令人惊叹的举动。她变卖家产，购置了两副棺材，一副棺材放置陈三义的牌位，一副棺材留给自己。为何要在棺材中放置陈三义的牌位，撰文者刘谦吉认为是王氏家贫路远，无力将陈三义的遗体运回，只能以牌位代替。

她身边的亲友多来相劝，王氏回答说：“吾夫义，不瞽弃我，我何忍独活？”（我丈夫当年有情有义，不因为我失明而抛弃我，现在他去世，我又怎么忍心独自活在世上呢？）于是，王氏自缢而逝。

陈三义和王氏的事迹，在雄崖所引起了很大的震撼，事情也传到了主管全省教育、德化的刘谦吉那里。刘谦吉感动之余，不仅为两人撰文立传，而且令人将陈三义的遗体，从外地运回雄崖所，与王氏同葬，完成了王氏与陈三义“生则同衾，死则同穴”的心愿。

清道光年间胶东海岛之人口

因为半岛三面环海的特殊地形，山东省的海岸曲线长度超过了 3000 公里。在这漫长的海岸线周边，也分布着大小不一的岛屿。以是否有人居住为标准，它们可以分为人居岛和无人岛。

人居岛和无人岛，并非亘古不变，在历史的不同时期来回变化。而人居岛的人口多寡，也是一个动态的进程。

现代信息发达，海岛上的人口很快可以查到。但古代岛上有多少人？就是一个比较难考证的问题。在清代道光年间，因为鸦片战争的背景，时任山东巡抚托浑布曾主持进行了一次海岛人口摸底调查，将情况写成奏折上报给朝廷。这篇名为《遵筹布置东海各岛疏》，被收录在《皇朝经世文续编》当中，使得后人可以窥见一斑。

根据托浑布的调查，当时山东沿海的人居岛（原文为：有井泉柴薪田园庐舍者）有二三十个。这些人居岛，根据户口的多少，大概可以分为四个层级。

第一个层级是千户以上的大岛，当时奏折中只提到了一个，那就是蓬莱县的长山岛（应是南北长山合计），居民达到一千二百余户。

第二个层级是一百户至五百户左右的中等岛，数量有十四个。它们分别是：蓬莱县的大竹山岛、大黑山岛，黄县的桑岛、屺坶岛，福山县的芝罘岛，宁海州的养马岛，荣成县的鸡鸣岛，海阳县的马官岛（麻姑岛），掖县的三山岛，胶州的黄岛、竹岔岛、灵山岛，以及即墨县的阴岛（红岛）、栲栳岛。

将近两百年过去了，这些岛屿的情况也多有变化。实际上，很多古人眼中“岛”，都是半岛或者陆连岛（《说文解字》的解释是：海中往往有山可依止，曰岛）。其中，芝罘岛、屺坶岛、养马岛、麻姑岛、三山岛、黄岛、红岛和栲栳岛都或堤或桥或直接与陆地连为一体，虽有“岛”之名，但上岛不需乘船。而大竹山岛则由人居岛变成无人岛，只是海防前沿，并无常住居民。剩下的桑岛、鸡鸣岛、竹岔岛和灵山岛，还属于比较传统的海岛。

第三个层级，是百十户规模的岛屿，一共列举四个。荣成县之俚岛，居民六十余户。石岛居民八十余户。蓬莱县的庙岛、鼍矶岛（砣矶岛），居民各百十余户。

俚岛和石岛，本来就与陆地相连，后来均发展成为荣成县的重镇。尤其是石岛，因为渔港和商业而尤为繁华，如今人口早已达到数万人之多。而砣矶岛在二十世纪八十年代，也一度是长岛县境内人口最多的公社，规模在万人左右。

第四个层级，就是几十户甚至几户规模的小岛，列举在内有十三个。分别是：蓬莱县的大钦岛、小钦岛、小黑山岛、北隍城岛，宁海州的崆峒岛，文登县的刘公岛，荣成县之镆邪岛（镆铘岛）、楮岛、倭岛（似为倭岛之误写，现作我岛，当地有北、中、南三个我岛村），海阳县的黄岛（现乳山市的南黄岛）、棉花岛（现乳山市的杜家岛）、小青岛（现乳山市的小青岛），诸城县的斋堂岛（现属青岛市黄岛区）。

如上岛屿当中，镆铘岛、楮岛、杜家岛现在已经与陆地相连，其他岛屿仍需乘船上岛。不过岛上人口均比古时都要多不少了。

后　记

本书在编撰过程中，得到很多师长、友人的帮助，特此鸣谢，以示敬意。

名单（排名不分先后）：姜辉、姜恒勇、崔保华、李元章、隋建国、梁伦田、曹景广、刘京法、程皓、滕超、张楠（烟台大学）、张涵宇、于冬亮、李雪、曲旭光、杜晓妮、李建、王杨。